企·业·家 QIYEJIA

金融巨头

摩根

郭艳红 ◎ 编著

JINRONG JUTOU MOGEN

辽海出版社

图书在版编目(CIP)数据

金融巨头摩根 / 郭艳红编著. —沈阳：辽海出版社，2017.6
ISBN 978-7-5451-4177-1

Ⅰ.①金… Ⅱ.①郭… Ⅲ.①摩根(Morgan, John Pierpoint 1837-1913)-传记 Ⅳ.①K837.125.34

中国版本图书馆 CIP 数据核字(2017)第 137229 号

责任编辑：孙德军
封面设计：李　奎

出版者：辽海出版社
　地　　址：沈阳市和平区十一纬路 25 号
　邮　　编：110003
　电　　话：024-23284381
　E-mail：dszbs@mail.lnpgc.com.cn
　http://www.lhph.com.cn
印刷者：北京一鑫印务有限责任公司
发行者：辽海出版社

幅面尺寸：155mm×220mm
印　　张：14
字　　数：218 千字

出版时间：2017 年 7 月第 1 版
印刷时间：2017 年 8 月第 1 次印刷
定　　价：29.80 元

《世界名人传记文库》编委会

主　编　游　峰　姜忠喆　蔡　励　竭宝峰　陈　宁　崔庆鹤
副主编　闫佰新　季立政　单成繁　焦明宇　李　鸿　杜婧舟
编　委　蒋益华　刘利波　宋庆松　许礼厚　匡章武　高　原
　　　　袁伟东　夏宇波　朱　健　曹小平　黄思尧　李成伟
　　　　魏　杰　冯　林　王胜利　兰　天　王自和　王　珑
　　　　谭　松　马云展　韩天骄　王志强　王子霖　毕建坤
　　　　韩　刚　刘　舫　宫晓东　陈　枫　华玉柱　崔　武
　　　　王世清　赵国彬　陈　浩　芝　罘　姜钰茜　全崇聚
　　　　李　侠　宋长津　汪　裴　张家瑞　李　娟　拉巴平措
　　　　宋连鸿　王国成　刘洪涛　安维军　孙成芳　王　震
　　　　唐　飞　李　雪　周丹蕾　郭　明　王毓刚　卢　瑶
　　　　宋　垣　杨　坤　赖晖林　刘小慈　张家瑞　韩　兆
　　　　陈晓辉　鲍　慧　魏　强　付　丽　尹　丛　徐　聪
　　　　主勇刚　傅思国　韩军征　张　铧　张兴亚　周新全
　　　　吴建荣　张　勇　李沁奇　姜秀云　姜德山　姜云超
　　　　姜　忠　姜商波　姜维才　姜耀东　朱明刚　刘绪利

	冯　鹤	冯致远	胡元斌	王金锋	李丹丹	李姗姗
	李　奎	李　勇	方士华	方士娟	刘干才	魏光朴
	曾　朝	叶浦芳	马　蓓	杨玲玲	吴静娜	边艳艳
	德海燕	高凤东	马　良	文　夫	华　斌	梅昌娅
	朱志钢	刘文英	肖云太	谢登华	文海模	文杰林
	王　龙	王明哲	王海林	台运真	李正平	江　鹏
	郭艳红	高立来	冯化志	冯化太	危金发	仇　双
	周建强	陈丽华	叶乃章	何水明	廖新亮	孙常福
	李丽红	尹丽华	刘　军	熊　伟	张胜利	周宝良
	高延峰	杨新誉	张　林	魏　威	王　嘉	陈　明
总编辑	马康强	张广玲	刘　斌	周兴艳	段欣宇	张兰爽

总　序

我们每个人心中都有自己崇拜的名人。这样可以增强我们的自信心和自我认同感,有益于人格的健康发展。名人活在我们的心里,尽管他们生活在不同的时代、不同的国度、说着不同的语言,却伴随着我们的精神世界,遥远而又亲近。

名人是充满力量的榜样,特别是当我们平庸或颓废时,他们的言行就像一触即发的火药,每一次炸响都会让我们卑微的灵魂在粉碎中重生。

名人带给我们更多的是狂喜。当我们迷惘或无助时,他们的高贵品格就如同飘动在高处的旗帜,每次招展都会令我们幡然醒悟,从而畅快淋漓地感受生命的真谛。只要我们把他们视为精神引领者和行为楷模,就会不由自主地追随他们,并深刻感受到精神的强烈震撼。

当我们用最诚挚的心灵和热情追随名人的足迹,就是选择了一个自我提升的最佳途径,并将提升的空间拓展开来。追随意味着发现,发现名人的博大精深,发现时代赋予我们的使命,发现最真实的自我;追随意味着提升,置身于名人精神的荫蔽之下,我们就像藤蔓一般沿着名人硕大粗壮的树干攀援上升,这将极大地缩短我们在黑暗中探索的时间,从而踏上光明的坦途。

不要说这是个崇尚独立思考的年代，如果我们缺乏敬畏精神，那么只能让个性与自由的理念艰难地生长；不要说这是个无法造就伟人的年代，生命价值并不在于平凡或伟大。如果在名人的引领下，读懂平凡世界中属于自己的那本书，就能够成为最好的自己。

名人从芸芸众生中脱颖而出，自有许多特别之处。我们追溯名人成长的历程，虽然每位人物的成长背景都各不相同，但或多或少都具有影响他们人生的重要事件，成为他们人生发展的重要契机，并获得人生的成功。

名人有成功的契机，但他们并非完全靠幸运和机会。机遇只给有准备的人，这是永远的真理。因此，我们不要抱怨没有幸运和机遇，不要怨天尤人，我们要做好思想准备，开始人生的真正行动。这样，才会获得人生的灵感和成功的契机。

我们说的名人当然是指对世界和人类做出突出贡献的伟大人物，他们包括著名的政治家、军事家、发明家、文学家、艺术家、思想家、哲学家、企业家等。滚滚历史长河，阵阵涛声如号，是他们，屹立潮头，掀起时代前进的浪花，浓墨重彩地描绘着人类的文明和无限的未来，不断开创着辉煌的新境界和新梦想，带领我们走向美好的明天。

政治家是指那些在长期政治实践中涌现出来的具有一定政治远见和政治才干、掌握权力，并对社会发展起着重大影响作用的领导人物。军事家是指对军事活动实施正确指引或是擅长具体负责军事行动实施的人，一般包括战略军事家和战术军事家。

政治家、军事家大多充满了文韬武略，能够运筹帷幄，曾经叱咤风云，纵横天地，创造着世界，书写着历史，不断谱写着人类的辉煌篇章，为人们留下了许多宝贵的精神财富和物质财富。

科学发明家是指专门从事科学研究和发明，并做出了杰出贡献的人士。他们从事着探索未知、发现真相、追求真理、改造世界和造福人类的大学问。他们都有献身、求实、严谨和持之以恒的精神，都具有一颗好奇心。从好奇心出发，他们希望探知事物规律，具有希望看到事物本质一面的强烈意识与探索激情。还有就是他们都有恒心，他们在科学研究中不断努力，努力，再努力，锲而不舍，具有永不止步的追求精神。

文学家是指以创作文学作品为自己主要工作的知名人士和学者等。其中，诗人是指诗歌的创作者，小说家指小说创作者，散文家指散文创作者，而文学家则是指在诗歌、小说、散文、戏剧等各种文学体裁领域均取得一定成就的创作者，他们是人类精神财富的创造者。

艺术家是指具有较高审美能力和娴熟创作技巧并从事艺术创作劳动而具有一定成就的艺术工作者。进行艺术作品创作活动的人士，通常指在绘画、表演、雕塑、音乐、书法及舞蹈等艺术领域具有比较高的成就，并具有了一定美学造诣的人。他们是生活中美的发现者和创造者，极大地丰富着我们的生活。

哲学家、思想家是指对客观现实的认识具有独创见解并能自成体系的人士。思想主要是用言语和符号来表达的，而致力于研究思想并且形成思想体系的人就是哲学家、思想家。他们用独到的思想解决生活中遇到的问题，且在此过程中逐渐认识自我与宇宙，以此解决人们思想认识上矛盾迷惑的问题。他们是我们人类灵魂的工程师，塑造着我们的人格，探讨所有人类重要的问题和观念，并创造出一种思考和思想的能力，闪烁着智慧的光芒，照耀着人类前进的步伐，推动着人类思想和精神不断升华，使人类不断摆脱低级状态，不断走向更高境界。人是有思想和精神的高级动物，因此，哲学家和思想家是人类不可或缺的，是我们人类的伟大导师。

企业管理家是最直接创造财富的人。他们创造物质财富，推动社会不断进步，使得人们更加幸福。财富虽然只是一个象征，但它与人们的生活、国家的发展、民族的强盛等息息相关。企业家也创造巨大的精神财富，他们在追求财富过程中所表现出来的创新、冒险、合作、敬业、学习、执著、诚信和服务等精神，是我们每一个人学习的榜样。

我们追踪这些名人成长发展过程中的主要事件，就会发现他们在做好准备进行人生不懈追求的进程中，能够从日常司空见惯的普通小事上，碰撞出思想的火花，化渺小为伟大，化平凡为神奇，从而获得灵感和启发，获得伟大的精神力量，并进行持久的人生追求，去争取获得巨大的成功。

影响名人成长的事件虽然不一样，但他们在一生之中所表现出来的辛勤奋斗和顽强拼搏的精神，则大同小异。正如爱迪生所说："伟大人物最明显的标志，就是他们拥有坚强的意志，不管环境怎样变化，他们的初衷与希望永远不会有丝毫的改变，他们永远会克服一切障碍，达到他们期望的目的。"

爱默生说："所有伟大人物都是从艰苦中脱颖而出的。"因此，伟大人物的成长也具有其平凡性。正如日本著名歌人吉田兼好所说："天下所有伟大人物，起初都是很幼稚且有严重缺点的，但他们遵守规则，重视规律，不自以为是，因此才成为名家并进而获得人们的崇敬。"所以，名人成长也具有其非凡之处，这才是我们应该学习的地方。

英国著名哲学家培根说："用伟大人物的事迹激励青少年，远胜于一切教育。"为此，本套作品荟萃了古今中外各行各业最具有代表性的名人，阅读这些名人的成长故事，探知他们的人生追求，感悟他们的思想力量，会使我们从中受到启迪和教育，让我们更好地把握人生的关键，让我们的人生更加精彩，生命更有意义。

简　介

约翰·皮尔庞特·摩根（John pierpont Morgan Sr.，1837～1913），1837年4月17日出生在美国康涅狄格州哈特福德城的一个富有商人家庭。他是一位美国银行家，也是一位艺术收藏家，不但精通金融业务，更是一个资产重组的高手。

摩根从小就显示出了过人的经商才能，尤其在投机方面具备超常的判断力。他初入商界就靠敏锐的嗅觉投资咖啡和黄金等生意，并大获其利。摩根在中年的时候，大肆收购铁路，贯彻他的摩根体制，控制了当年美国的大批工矿企业，把全美企业资本的1/4都集中到了他的麾下。

摩根不但用金融资本控制了美国许多重要部门，还利用其庞大资本对外国放债。在经济上依赖他的不仅有墨西哥、阿根廷等发展中国家，甚至连英、法等发达国家在关键时刻也不得不向摩根求援，他一度成为"全世界的债主"。

摩根出资成立了联邦钢铁公司后，又陆续合并了卡内基钢铁公司及几家钢铁公司，并在1901年组成了美国钢铁公司，钢铁产量占全美总产量的一半。摩根创建了一个庞大的企业集团，后来摩根家族所掌控的企业，包括银行家信托公司、保证信托公司、第一国家银行在内的许多企业和行业，总资产达到了34亿美元。

摩根于1913年3月31日去世，终年76岁。

摩根主持建立了垄断全美的钢铁公司，使其成为美国确立世界地位的物质基础。他重组了美国当时过度发展的铁路系统，使之重新正常运作，而不再被指责为是一个浪费资金的行业。

他对海洋运输投入了大量资金与精力，并组建了一个具有发展前景的龙头行业。他对美国部分企业进行整合，大大促进了美国经济的快速发展，为美国的经济发展做出了贡献。

作为美国近代金融史上最著名的金融巨头，在他将近退休时，他几乎以个人之力拯救了1907年的美国金融危机。在他的努力之下，世界金融中心从英国伦敦转移到了美国纽约。

他还为法、英等国承购国债，使这些国家度过了当时的经济困境，让它们走上了经济发展的正轨。

摩根被誉为现代资本主义的开山鼻祖，在他的指导下，纽约的主要金融机构实际上发挥着中央银行的作用。这一金融集团有当时全美金融资本的33%，总值近250亿美元，这相当于美国1912年国民生产总值的2/3。另外还有125亿美元的保险资产，占全美保险业的65%。

生产事业方面，全美35家主要企业中，就有摩根公司的47名董事，涉及美国钢铁公司、通用汽车、肯尼格特制铜公司、得州海湾硫黄公司、大陆石油公司、通用电气等大型公司。这些公司与摩根的铁路业构成了结构庞大、组织严密的"摩根体系"，其合计总资产，扣掉重复部分，拥有740亿美元的总资本，相当于全美所有企业资本的1/4，成为美国的经济支柱。

目　录

摩根的移民祖先 …………………… 001
出生在富商家庭 …………………… 007
坎坷的童年时光 …………………… 014
名列前茅的少年 …………………… 019
留学瑞士日内瓦 …………………… 030
就读于德国名校 …………………… 035
投机咖啡获暴利 …………………… 042
守护忠贞的爱情 …………………… 048
战争中寻找机会 …………………… 053
意外进入铁路业 …………………… 057
承购法国国债 ……………………… 063
参与反垄断之战 …………………… 070
控股中央铁路 ……………………… 078
聆听父亲教诲 ……………………… 086
制订收购计划 ……………………… 090
收购西海岸铁路 …………………… 094
摩根的秘密会议 …………………… 101

进入多事之秋 …………………………… 107
成为铁路大王 …………………………… 112
终让白宫屈服 …………………………… 123
驰骋国际舞台 …………………………… 127
与赌徒的较量 …………………………… 137
创立美国钢铁 …………………………… 145
与洛克菲勒之战 ………………………… 153
反击铁路收购战 ………………………… 159
和罗斯福的抗争 ………………………… 168
爱好收藏艺术品 ………………………… 175
率众拯救华尔街 ………………………… 182
听证会上的辩解 ………………………… 189
疲惫中魂断他乡 ………………………… 194
杰克时代的来临 ………………………… 200
对企业失去控制 ………………………… 205
附：年　谱 ……………………………… 211

摩根的移民祖先

摩根家族的祖先一直生活在受斯图亚特王朝统治的威尔士。17世纪初，斯图亚特王朝的严酷政治统治和经济盘剥以及过多的苛捐杂税造成人民严重的不满，经常会有人逃离这里，到欧洲其他地方甚至乘船越过大西洋跑到美洲去。

摩根家族的成员大都受过良好的教育，并且会说流利的英语，摩根家族一直从事马具制造业，但是到了1616年4月迈尔斯·摩根出生时，该家族已经开始衰落。不久后，迈尔斯的父亲威廉·摩根搬到英国的布里斯托尔去经商了。

但是在当时少数讲英语的威尔士人中，摩根家族仍然是举足轻重的名门望族。

1636年一个新的移民潮开始涌向美洲大陆，这其中就包括年仅20岁的迈尔斯·摩根以及他的两个哥哥。这是他们父亲的决定，威廉要寻找一块儿新的天地重振家业，希望这能给摩根家带来好运。

三兄弟首先乘船去马萨诸塞州的波士顿，在他们同行的乘客中有一位年轻美丽的姑娘普鲁丝·吉布尔特，她后来成为迈尔斯的第一任妻子。

后来三兄弟相继离开波士顿，约翰去了弗吉尼亚的大农场；詹姆斯来到离波士顿大约160千米的一个流经新伦敦的小河边安营扎寨；而迈尔斯则在1640年带着妻子搬到了马萨诸塞州康涅狄格河山谷中的一个新定居点。

迈尔斯借钱买了一块约10公顷的土地，辛勤地耕作，有了不错的收获，他还能很精明地卖出他所剩余的粮食和牛肉。后来迈尔斯开垦了越来越多的土地，渐渐富裕起来。

至1649年，迈尔斯·摩根已拥有了大量的财富，其中包括良种的牧群和大片的牧场。

财富的增加使迈尔斯获得了一定的社会地位。他当选为转让土地委员会的一员，他还被任命为管理偏僻小路和边界公路的检察官。

1660年他的妻子去世时，迈尔斯已经成为一个拥有8个孩子的父亲了。

在迈尔斯50岁出头的时候，他又娶了来自哈特福德的伊丽莎白·布丽斯，再婚后的第二年，伊丽莎白生了他们俩唯一的孩子纳萨尼尔·摩根，这样家中就有了9个孩子。

迈尔斯所居住的斯普林菲尔德虽然在法律上属于马萨诸塞侨居地，但实际上也是康涅狄格河沿岸的侨居地，属康涅狄格的一部分，按此地的规定，须上缴税金和给军队提供军饷。同时这里的人们还要忍受大自然带来的灾难，这里有着极度炎热的夏天和寒冷多雾的冬天，经常有野狼在附近嗥叫。此外还有饥饿的印第安人的骚扰。

摩根家族的祖先们也不得不忍受这些"天灾和人祸"，在极为艰苦的条件下，度过了漫长的岁月。

但总的来看，这个小小的定居点30多年来生活还算平静。后来随着更多迁居人口的到来，斯普林菲尔德这个开始只有10来户人家的小村庄逐渐地扩大了，占用的土地也越来越多。

1675年7月初，迈尔斯·摩根家的这段拥有足够的粮食和大量的纯种牛的舒服日子被打破了，白人殖民者同印第安人之间因土地引发的冲突几乎威胁到了迈尔斯·摩根全家的生命财产安全。

在这场长达数月的战斗中，由于白人殖民者的拼命抵抗，总算击退了所有的印第安人，保住了"家园"。在战斗中，迈尔斯·摩根由于有卓越的领导才能而被授予上尉的军衔，但是，他也为此付出了沉重的代价。当他领导一支民兵武装围捕最后的"入侵者"时，他的第三个儿子、23岁的巴拉迪被印第安人杀害了。

战斗结束后，殖民者不但夺回了曾被印第安人夺去的土地，而且又从印第安人那里夺取了大量的土地。作为对迈尔斯·摩根的奖赏和对他失去爱子的补偿，迈尔斯成为第四个被准许分享一部分土地的人，他因此成为当地最大的土地所有者之一。

迈尔斯·摩根的仕途也得到发展，他当选为警官和市镇行政管理委员会委员，还被选为土地分配委员会委员，这是社团中很重要的职务。直至1684年，上了年纪的迈尔斯才不再担负军事和其他行政职务。

直至1699年迈尔斯·摩根83岁去世时，他一直都在拓展他的家业。他被认为是社团的老政治家和最富有的公民，他的后代们也都拥有相当多的土地。摩根家族也成为马萨诸塞社团公认的最富有的家族。

迈尔斯·摩根去世后，摩根家族继续耕种他们肥沃的土地。而此时纽约及西部的一些发展中的城市已经发出耀眼的光辉，吸引着大批的商人和实业家。富裕舒适的生活使摩根家族变得安于现状，趋于保守。

当老迈尔斯·摩根去世时，立下遗嘱把家产遗传给小儿子纳萨尼尔·摩根。实际上，这些家产自纳萨尼尔·摩根1691年结婚以来他一直都在使用着。迈尔斯·摩根前妻的8个孩子，有7个长大成人，都从迈尔斯·摩根那儿分得了一份土地，并且建立了自己的家庭。

纳萨尼尔·摩根已26岁，成了一个兴旺家庭之父，继承了其父亲的某些行政职务。他是栅栏监督官，当时是一个很重要的职务，相当于一个政府检察官。后来，他当上了土地管理员，在社团有公共土地的情况下，这一职务也很重要。他还是镇上的警察，负责检查公路。

斯普林菲尔德在18世纪初纯粹是一个农业区，各家各户基本上都自给自足。纳萨尼尔·摩根和汉娜·勃特在侨居地事业很兴旺，同时还继承了他们父辈多子的特征，有7个儿子。他们都在家务农，并出售剩余的农产品用于买生产工具和生活用品。

1735年，纳萨尼尔的第五个儿子、33岁的约瑟夫·摩根娶了玛丽·斯台平丝，并在花了180英镑租来的一块约80公顷的土地上建成了自己的小家庭。如同上两辈摩根家庭一样，他有8个孩子。当时这样的大家庭很普遍，而摩根家族成员的强壮和长寿可以说是个例外，原因是家族成员体质好，所有孩子都长得高大健壮。

1740年时大量英国移民蜂拥而至，有近300艘船抵达马萨诸塞侨居地，约有4000户人家，此时侨居地也变得越来越拥挤。约瑟夫购买土地的部分原因就是为了孩子们的搬迁。

约瑟夫的第一个儿子叫小约瑟夫，生于1736年，是一个典型的马萨诸塞农庄上的孩子。但小约瑟夫可以说对军队情有独钟，他从1755年开始曾3次穿上军装，参加了长达数年的法国和新英格兰殖民者在美洲大陆上展开的争夺殖民地的战争。

1765年，29岁的小约瑟夫·摩根娶了爱克斯彼林斯·史密斯。在他父亲1773年去世时，他们已生了5个儿女。

1776年，小约瑟夫又以上尉的军衔参加了美国独立战争。他在整个战争期间招之即来，并经常接受战斗任务。在他40多岁时，仍是斯普林菲尔德镇上的负责人。由于战争还在继续进行，他所关心的不仅仅是当时的战况，还有供应问题和争取政治独立的问题。

小约瑟夫是斯普林菲尔德通信委员会成员，该委员会负责与其他社团保持联系，并把战况通报给公众，他还在委员会里负责给衣着褴褛的军队供应枪炮、军服和毯子。他也是市镇行政管理委员会成员，还担任六七个其他职务。他在战争即将结束时被任命组织特别委员会，酝酿组织马萨诸塞州政府并起草宪法。

至此，尽管摩根家族的人不时参与军事和政务，但总的来说，家族的大多数人仍是以农业为本，主要靠土地致富。

第一个打破这个生活模式的人可以说是约瑟夫·摩根，他不仅自己耕种土地，也进行土地的出租和转卖以期获得更多的利益。

1780年，小约瑟夫的第三个儿子出生了，也取名叫约瑟夫·摩根。此时距第一个摩根来到马萨诸塞的沿海已有150年，时代发生了翻天覆地的变化。这个孩子生于美国独立战争年代，到他上学的时候和平协定已经签订。他就是本书主人公约翰·皮尔庞特·摩根的祖父。

直至1807年，27岁的约瑟夫和来自康涅狄格州米德镇的莎丽

·斯宾塞结婚时，他大多数时间是以教书和农耕为主。此时的约瑟夫·摩根家族已是斯普林菲尔德的重要家族之一，约瑟夫既是个农民也是个绅士，是18世纪末19世纪初西马萨诸塞的乡绅。

至1808年，约瑟夫已经从一个中等产业者成了一个富人。约瑟夫已不再光干农活了，又办起了好几个行业。那年，他花了400美元买了一个小农庄租给别人。

1809年4月他开始投资房地产，他买了一套房子和一块7公顷的地，随后把带家具的房子和地出租出去，之后又做了几次类似的投资，其中一次是把花370美元买来的房子，以750美元的价格卖了出去。

随着时间的推移，斯普林菲尔德的生活已发生巨大改变，市镇之间有宽阔而且保养得较好的道路相通。虽然路上有些车辙，春秋雨季时道路泥泞，冬天车辙冻得很硬，夏天行人身上尽是尘土，然而四轮马车和公共马车能沿公路走很长的一段路。约瑟夫经常骑马或乘马车出远门做生意。

岁月的流逝还带来了另一个变化，约瑟夫抛弃了旧的东西。对他来说，要维持从他祖父、父亲以及他出生以来形成的如此大的家庭是非常复杂的事。

出生在富商家庭

1812年春天，32岁的约瑟夫·摩根加入在北安普顿县的华盛顿慈善协会，当起了放债人，从此跻身银行业，成了私人银行家。摩根银行业从此开始发迹。

之后，约瑟夫继续扩大他在商业界的活动范围，他不仅开过旅馆，喜欢交际的他还在相邻的小城哈特福德买下了一家叫"交流"的咖啡馆，随后在哈特福德定居下来。

约瑟夫总想把生意做得更大，所以一直在寻找发财的途径。这期间他还买了一些轮船公司和运河的股票，但这些都是稳定的投资，回报总是不能让他满意。

1835年，约瑟夫经人介绍，投资参加了一家名叫"伊特纳火灾"的小型保险公司。虽然哈特福德是全美保险业的发源地，但在当时，也仅有屈指可数的几家保险公司。

其实，约瑟夫的这项投资并不需要交现金，把信用作为一种资本，只需要在公司股东名册和期票上签上名字，就可以收取投保者交纳的手续费了，如果不发生火灾就可以稳赚不赔。保险的地域包括纽约在内的许多大城市。

然而，这世界上最不容易预测的"人祸"也许就是火灾了。就在约瑟夫成为这家保险公司的股东不久，纽约的一场大火不期而至了。

投资者们聚集在约瑟夫的旅馆里，一个个惊慌失措，像热锅上的蚂蚁。而此时他们手里的股权成了烫手的山芋，都想扔给别人，很多人想自动放弃他们的股份，但谁会傻到这时候接手呢！

约瑟夫考虑良久，说："我可以买下你们所有人的股份。"很多人以为听错了，要知道约瑟夫可是很精明的生意人，况且这些股权要是折合成赔款，弄不好连他的旅馆也得搭上。

"不过我有个条件，"约瑟夫接着说，"在给他们赔款时要跟他们说清楚，下次签约投保时手续费要提高一倍。"

约瑟夫心想，获得赔偿的人和那些看到这家保险公司守信用的新客户也许会积极投保，这样，说不定会少亏点儿，也许还能小有盈利。他的一个朋友也想冒这个险，两人凑了10万美元，派代理人到纽约处理赔偿事宜。

几天后，从纽约回来的代理人带回了大批投保人新投保的手续费。伊特纳保险公司不仅因"信用可靠"在纽约名声大振，还让约瑟夫大赚了15万美元。

为了让儿子吉诺斯·斯潘塞·摩根懂得艰苦工作的价值并养成谦虚的品质，约瑟夫也经常带吉诺斯去农庄里干些杂活，甚至有时让他带上两头牛乘船到别处去放牧。

1829年，16岁的吉诺斯经过3年私立学校寄宿生活之后，决定开始他的商业生涯。吉诺斯之所以选择经商，是打算像他的父亲一样成为一个商人、银行家。

但吉诺斯的父亲却不想让他的儿子也留在哈特福德，因为哈特福德与纽约或者与有60000人口的波士顿相比都只能算是个小地方，他决定把儿子送到波士顿。

1829年4月4日，吉诺斯在16岁生日的前几天来到波士顿，在一家商行里当学徒。这是一个受尊敬的波士顿商人阿尔弗雷德·威尔斯开的商行，他在此工作了整整5年的时间。

吉诺斯是一个有着高高的个子，相当严肃的年轻人，由于出身富裕的新英格兰家庭并受到正规的教育，他工作努力，并显示出良好的教养。威尔斯对他很赏识，在吉诺斯当学徒的第二年，就让他负责主要工作。他经常出差去纽约或纽黑文，这时他会顺道回哈特福德看看他的父母。

这一时期，吉诺斯还有一个爱好，那就是定期去霍里斯街的公理会教堂，那儿的牧师是一个热心"骨相学"、名叫约翰·皮尔庞特的中年人，他与吉诺斯成了忘年交。牧师皮尔庞特还是个有激情的诗人，他狂热地主张废除农奴制和实行社会改革。

他经常邀请吉诺斯去参加星期天的晚餐或是诗歌朗诵。但有趣的是，在约翰非常激动的时候，他的特大号鼻子就很容易发炎。

真正使吉诺斯着魔的却是牧师的女儿朱丽叶·皮尔庞特，她比吉诺斯小3岁，是一个文静、敏感并且继承了她母亲全部美貌的少女。

吉诺斯也有自己的计划。商行老板威尔斯曾答应他在他5年学徒期满后，将邀请他做一个较低级的合伙人。那时他就可以向朱丽叶求婚。然而如果他要当合伙人，就需要有投资的资金，仅靠这几年的薪金肯定是不够的，他必须得到父亲的资助。

1833年，就在吉诺斯20岁生日的前一天，他回到家里，跟父亲谈起威尔斯公司要他当合伙人一事。约瑟夫认为对吉诺斯的提升只是由于威尔斯需要现金，而并非出于对吉诺斯才能的肯定，所以不同意他当合伙人，事情就被搁下了。

1834年，吉诺斯学徒期满后，向朱丽叶·皮尔庞特的求婚得到他自己家以及皮尔庞特一家的赞同，之后吉诺斯·摩根与朱丽叶·皮尔庞特订了婚。

然而他们的婚礼却是在几年后才举行的，因为约瑟夫已经拒绝了威尔斯的建议。事实证明，威尔斯的确是因为急需资金才让吉诺斯当合伙人的。不久，威尔斯由于还不起债，只有用地产契约的形式与约瑟夫过去当过股东的康涅狄格银行进行合伙。

在吉诺斯离开威尔斯的商行以后，约瑟夫·摩根希望儿子能学一些银行管理方面的业务，因为一年前他在这方面吃过亏。

那时，约瑟夫·摩根信任美国银行，也信任在费城开银行的尼古拉斯·比德尔的经营管理。

1833年，比德尔在美国推行合同信贷，从各州的银行里抽取他存的资金，从而造成几个月的"衰退"，哈特福德也受到损失，约瑟夫·摩根投资的银行也受到影响。

虽然对摩根家族来说这只是一场短暂的风暴，约瑟夫·摩根所受的影响并不太大，但他不想在同样的问题上再出差错。

约瑟夫为儿子选择的下一个职位是在纽约的莫里斯·克查姆银行当职员。约瑟夫数年前就认识克查姆了，克查姆有一段时间曾是约瑟夫的哈特福德开的咖啡屋的老顾客。当时，克查姆曾从金融贸易中赚了不少的钱。

克查姆的城市大厦，以及他的位于康涅狄格的优雅的夏季别墅和在克查姆前后簇拥着的大量的仆人，都使约瑟夫羡慕不已。

克查姆的办公室是纽约城中最繁忙的一个。大约有一半以上的职员不停地忙碌，小心地应付着各种各样的票据。这些都给约瑟夫留下了深刻的记忆。同时作为一个谦逊谨慎的人，约瑟夫·摩根也给克查姆留下了深刻的印象，因此他愿意帮助约瑟夫，这也是他同意接纳吉诺斯的原因。

但是吉诺斯好像并不喜欢纽约狂热的氛围。在舒适优美的哈特福德和拘谨合乎体统的波士顿待了几年之后，吉诺斯对纽约的贫民窟和对于20万市民来说严重不足的排水系统感到很失望。他甚至不能忍受单节机动有轨车轰隆隆地急驰驶过夏天的街道。

一有可能，吉诺斯就逃到波士顿去进行休整，并去看望他的朱丽叶。他到家中的时候也经常不失时机地向他的父亲暗示他的这种沮丧心情。

1836年2月，当约瑟夫到纽约解决向伊特纳保险公司火灾索赔事宜时，吉诺斯再次向父亲提起想回家的想法，吉诺斯终于被允许回哈特福德开始做较为稳定的工作。

约瑟夫经过几个星期的仔细调查，决定花10万美元为吉诺斯在哈特福德的一个名叫豪和马塞棉花贸易公司里买一个合伙关系。通过不断增加投资，吉诺斯在这家贸易公司的收入也稳步增加。

这一年，约瑟夫退休时，还买下了哈特福德的一家干菜店交给吉诺斯打理。就在那年春天，吉诺斯终于迎娶了皮尔庞特牧师的女儿朱丽叶。

1837年4月17日，在俄塞勒姆大街26号的一所砖造的住宅里，约翰·皮尔庞特·摩根出生了。

这个约翰·皮尔庞特·摩根便是今后在华尔街、铁路和钢铁业界呼风唤雨的金融巨子摩根。

小摩根长着一双乌黑、深凹的眼睛，也长着皮尔庞特家族特有的鼻子，一旦发怒时，这鼻子就会跟着膨胀，这成为摩根外貌上一大特点。

小摩根出生的这一年，正是美国有史以来遭受最严重的经济危机的一年。全国银行业正处于绝境之中，几乎全部银行都拒绝以金银来承兑货币或期票。在纽约，银行业已全部瘫痪，许多银行倒闭。

衰退虽然对摩根家族的财产并没有构成严重威胁，但他们所拥有的一些产业也受到了一定程度的影响。吉诺斯在儿子出生两周后，就被迫离家到美国南部去出差，做一次长期的和原本要推迟的旅行。因为他担当合伙人的公司经营从南方运来的棉花，因没有硬通货、外汇或外国银行的信用证而无力支付货款，无法从南部筹集货源。

吉诺斯一出门，朱丽叶就带了孩子回到波士顿的娘家，几乎整个夏天她都是在娘家度过的。

这一时期，摩根家和皮尔庞特家经常来往。约瑟夫多次出差到波士顿来，每次必定要来看看小摩根的外祖父和外祖母，当然也是来看望他的小孙子。他会很虔诚地聆听皮尔庞特牧师所做的讲演，倾听他叙述他在君士坦丁堡的见闻。

6月底，吉诺斯回到哈特福德，他在4天内迅速向其合伙人汇报了出差情况，然后便赶快赶到了波士顿他丈人家中，看望他的妻子和孩子。

7月初，按照严格的基督教公理会的礼仪，他们为约翰·皮尔庞特·摩根举行了洗礼和命名仪式。然后，他把他们母子接回了哈特福德俄塞勒姆街的家中。

1838年，吉诺斯把他自己的小家搬到了教堂街。1839年，他又在劳德山法明顿大街开始修建自己的大房子和谷仓。然而，这一年对摩根家来说，却是一个困难时期。

那一年的洪水冲走了康涅狄格河上一座约60米长的大桥，而约瑟夫·摩根在修建该桥时投资了股份。这一年大风雪、火灾和其他灾祸使得伊特纳保险公司仅在下半年就亏损12.8万美元。

约瑟夫哀叹伊特纳保险公司的悲惨境地，而他却给为他儿子盖房子的建筑工丰厚的工资，希望房子能尽早建成。尽管如此，吉诺斯为建造新家采购的东西也因为恶劣的天气而无法按时拉回来。

吉诺斯搭乘轮船，准备把在纽约为新家选购的壁炉架等运回去。该船预定开到康涅狄格州，但是船员们因害怕河中的冰块，轮船中途返到了纽黑文，并把货物都卸在那儿，这使吉诺斯极为恼火。在他们第二个孩子、女儿萨拉·斯宾塞·摩根出生时，房子才建造了一半。

但很快摩根家就度过了困难时期，1840年吉诺斯成为纽黑文和哈特福德铁路局董事。3岁的小摩根也第一次乘坐了火车。

坎坷的童年时光

19世纪40年代的摩根一家在哈特福德是异常活跃的。这一时期，约瑟夫为推销斯普林菲尔德和阿伯尼铁路局的证券特别卖力。他还和儿子吉诺斯不停地为他们的保险公司、银行和铁路局到各地出差。

摩根家的家庭生活也很温暖，家里人经常聚会并搞些娱乐活动。吉诺斯的第三和第四个孩子，女儿玛丽和儿子小吉诺斯不久也相继出生了。

孩子们的出生为这个家庭又增加了新的生机。在朱丽叶生小玛丽·莱曼·摩根的前后，约瑟夫就开始花很多时间用车接送孩子到农庄去玩耍。

1845年，约瑟夫又在豪和马塞公司为儿子吉诺斯投资了25000美元。吉诺斯还被选为哈特福德火灾保险公司的董事。这一荣誉反映了他的家族在哈特福德的地位以及他们在保险公司的投资分量。

1846年，9岁的小摩根开始了他的学习生涯。

少年时期的小摩根并不像他刚出生时那样体格健壮，相反，他似乎继承了他母亲的病弱体质，孩提时代的他，大部分时间是疾病缠身，所以他所接受的学校教育从一开始就是断断续续的。

开始，他在离家很近的教区学校里待了几个月，接着又到康涅狄格州圣公会学校里待了几天。

开始上学的这一年，小摩根由于经常生病仍然有很多时间待在家里，虽然他的爷爷约瑟夫身体不好也常在家里，但小摩根还是感到很孤独，他想改变自己的生活。

后来，他父亲就把他从哈特福德送到柴郡小学去读书，从此小摩根开始了寄宿学生的独立生活。但是由于身体状况时好时坏，他从第一年起就经常不能去柴郡上学。

1847年7月23日，约瑟夫·摩根去世，享年67岁。在生命最后的几周里，他开始消瘦，但仍像年轻时那样活跃，也许他知道自己将不久于人世，他开始把产业转让出去。

约瑟夫去世时为儿子吉诺斯留下了一笔数量相当可观的遗产。据传，约瑟夫·摩根为儿子留下了数百万美元的遗产，但就所公布的数字来看，他离百万富翁还相差甚远。

他的委托人声称，他在遗嘱里只提到了10.2万美元的财产，其中92000美元是房地产，但是这仅仅是约瑟夫·摩根去世前几个月所拥有的财产一小部分。

毫无疑问，在遗嘱上统计的数字只是老人临死时当地的房地产和在银行里的存款，尚未统计他在各个银行里的股份，没有统计他在轮船公司、运河公司、桥梁公司和至少两家铁路局里的股份和他在伊特纳保险公司里的大量资产。

这些对40岁的吉诺斯来说，是一笔很大的财富。看吉诺斯将成为哈特福德一名前途无量的商人，他已经过上了富裕而稳定的生活。

这时，小摩根在回家养病期间，只好在当地的一些日校或寄宿学校，特别是在哈特福德的帕威林私立学校学习。开始，他只是该校的一名走读生，1848年1月，他开始寄宿。

一年半以后，小摩根又转到城里的公立学校。他还在哈特福德的霍普金斯语法学校读了数月。他这样换来换去的原因一方面由于自己生病，另一方面则是由于母亲生病，尽管有佣人帮忙，她还是弄不了5个孩子。

就这样，小摩根断断续续地读完了小学课程。

在哈特福德，小摩根的同学都叫他"皮柏"，意思是"出众的人"。之所给他起这个名字，一是因为他长得很出众，虽然纤细但挺直的身材，还有遗传自他父亲的深棕色的头发、大眼睛和大嘴巴。另外，同学们觉得叫他"皮尔庞特"过于啰唆，因为"皮尔庞特"刚好与"皮柏"相近，这样，"皮柏，皮柏"就叫开了。

小摩根很爱表现自己，他俨然是这个新英格兰家族中一个特别有进取心的后代。摩根从小就养成了一种与众不同的、不择手段获取胜利的性格。即使是在玩耍的时候，他也总是要赢，即使在友好的象棋比赛中，他也会要不惜一切取胜。

他还是一群男孩子的头儿，在10人联名上书要求班里给5天时间让他们去哈特福德观看即将展览的"宏观管理"的名单上，小摩根的名字排在第一。

小摩根很不高兴别人叫他皮柏，因为他是个严肃认真的人，即使在给他爷爷或其他亲戚写信时，他也总是老老实实签上约翰·皮尔庞特·摩根这个名字。但是，他毕竟还是个孩子，还脱不了稚气。

他与他的爷爷和外公都保持着很好的感情。

1848年，小摩根11岁那年，在他第三个妹妹出生不久，他开始在帕威林私立学校寄宿。尽管在家时感到寂寞，但一离开家，他又开始想家。那年元旦，他因为没有收到外公的节日礼物而非常伤心。

有一天吃晚饭的时候，他坐在餐桌旁一直生气，也不吃饭，校长夫人对他说她有一份礼物要给他，但必须吃完晚饭才能给他。他真的吃了一点晚饭，然后收到了礼物和外公的一封信。外公在信中说他托桑塔·克劳斯带了一支笔作为给小摩根的新年礼物。

当时小摩根回信说："我很遗憾地说我再也不喜欢桑塔·克劳斯了，因为他没按您的意思在元旦那天把礼物交给我，而是到星期一，都3号了才给我。如果我是您的话，我再也不会信任让他带礼物。"

3个月后，这个仅仅11岁的小家伙又给他的外公写了一封信，是为他的口语考试请求外公帮助的，他的外公是当地小有名气的作家，小摩根想让外公为他写一篇短文作为他口试中的一部分。可能是出于自尊心的缘故，他把信写得很委婉。

小摩根在信的开头部分先是热情洋溢地讲他很快要到特洛伊去看外公，接着提出写短文的事，然后又写了一段关于哈特福德的约翰·昆西·亚当斯的遗迹，还闲扯了一些家常，最后才再次强调要外公别忘了给他写短文的事儿。

12岁时，他和表兄吉姆·古特温结成商业伙伴，由小摩根管账，投资购买哥伦布登陆的画片向同学们展示，他们很乐意向感兴趣的同学收取一些费用。然而，最终他们花完账面上仅有的1.41美元后，生意还是破产了。

尽管小摩根在上小学的时候很好强，但是由于他经常生病，除了写作，他哪门功课都是一般，从来没让老师开心过。他在算术、拼写及英语语法方面的成绩都很差，他的拉丁语成绩也是经过几个月的努力才从一般上升到了优秀。

名列前茅的少年

1850年,小摩根在哈特福德公共中学上学时,一次他认定了老师对他不公平,他感到很不服气,就勇敢地给那位老师写了一封信。

信的开头是这样的:

索菲亚·C. 史蒂文斯小姐

老师,公共中学

 一个受压的学生呈上

史蒂文斯小姐:

 我要问问为什么你作为一个老师而我充其量也不过是一个学生仅仅因为我笑声稍大了点儿我向你保证我的确控制不住自己而且用惩罚也是无济于事的你却如此粗暴地将我罚出课堂你不能不相信我今后课堂上会表现得好些的只要我愿意我是一定能够安静一言不发地坐在那儿而且全班同学都能做到这点只听你滔滔不绝却听不到学生的声音那

样的话难道你不认为全班同学都是些笨蛋吗如果我在 DII 科仍像现在这样得不到良好的对待的话下学期我就转到 EII 科去了在那里我将向托瑞小姐说明情况或免去历史和语法我讲的这些都不是气头上的话你不能不承认我是一忍再忍对此事考虑再三你无法否认我是被不公平地对待的我希望在本学期结束前我俩的关系有所改善去 EII 毕竟是下策。

　　请给我谈谈你的意见
约翰·皮尔庞特·摩根

　　当看到这封缺少标点符号和句子结构的信时，史蒂文斯小姐感到十分震惊，她被这个诚恳而又苦恼的学生打动了。若干年后她又找出这封信，把它交给了吉诺斯·摩根作为纪念。

　　尽管小摩根有时也淘气，但他是个认真的孩子，他无论在家还是在学校，都是孩子们的领袖。小摩根也很容易发怒，而且又固执己见，特别是在遭到反对时，这个时候他那个特有的鼻子就会马上大起来。

　　小摩根在学校里各方面都很积极。为了增强自己的体质，他积极参加各项体育活动，但他最喜欢的还是和他的表兄吉姆·古特温一起去钓鱼。吉姆是一个性情温和、善良的小男孩，尽管他年长小摩根两岁，但他总是很高兴地跟随小摩根，成为他的部下。

　　有一段时间，由于湿疹，小摩根的大鼻子上留下了许多斑点，为此他变得越来越沉闷，拒绝跟任何人讲话，除了他的表兄吉姆之外。

　　小摩根和一些家境好的孩子一样，上过舞蹈学校，学过骑马和下棋，而且有时在晚上他会和人杀上几盘。他的父亲给他辅导家庭作业，有时甚至对他谈论政事。在他的祖父约瑟夫的影响下，小摩根和这个家庭其他多数人一样同情辉格党。

小摩根和他祖父一样，坚持写日记，把他认为是自己人生中的重要事情都记录下来。他甚至对什么气候有利或不利于滑冰和滑雪都做了记录。他把自己的旅行，有时连花钱都记在日记中。

1851年，小摩根又回到柴郡学校读书，他寄宿在里维兰德·帕多克博士的家里。在柴郡学校除了两个好朋友弗雷德·埃德雷杰和乔·韦勒外，他与其他同学的关系都十分疏远。

他的一个寄宿在校外的同学每天上学必须经过帕多克博士的家门口，有时正好碰到摩根从花园出来，他们就同路到学校。

帕多克博士那段时间得了重病，大家都很关心他的病情，每天同学们都要向摩根打听博士的健康状况。

"啊，还是老样子。"摩根说。

后来有一天，他的好朋友在课间也向他问起帕多克博士。

"啊，还那样。"正在想事儿的他心不在焉地回答。

"啊，我给忘了，"过了几分钟，他突然想起什么似的，"帕多克博士已经去世了。"

摩根从小就有这种习惯，当他考虑问题的时候，什么也顾不上了。

摩根来柴郡以后依然很爱表现自己，一次为了显示他的富有和才能，他用流行的法语写信到巴黎订购了一双9美元的人工制造的长筒靴。

后来，他的表现欲可以说已经有点出了格。

柴郡学校的孩子大都遵守学校的规矩，只是在校钟问题上是个例外。那个校钟曾是西班牙大帆船上的船钟,记载着模糊而神秘的往事。

它被高高地挂在钟塔上。它满足了那些渴望"流芳百世"的孩子们的愿望,勇敢的孩子们不系保险带就往上爬,在挂钟的横杠上刻下留言。

这种不良事件发生后,学校对被逮住的几名学生实行了严厉的惩罚。学校担心如果有孩子因此而摔伤会被家长怪罪,另外,如果几个人同时往上爬还会导致钟杠断裂。

所以,这件事是危险而又富于刺激性的,摩根是不会放过这个挑战的。

一天晚上夜深人静的时候,他和乔·韦勒爬上了钟塔,把他们名字的起首字母刻在上面,并兴致勃勃地在钟上刻下了豪言壮语。

他们这次的冒险是完全值得的,因为他们的确在同学中树立了英雄形象,他们一夜之间成了学校里的名人。

1851年春天对摩根来说是一个繁忙的时节,他开始在柴郡学校学希腊语,而且和他的父亲在波士顿玩了5天,参观了一些有趣的景点,还在霍华德·雅典娜俱乐部看了一场话剧,他把这些都详细地写在日记里。他在这年春天还对教会管理体制问题发生兴趣。当时他才14岁,却只身去出席圣公会大会,并且在日记中写了约翰·威廉当选副主教的情况。

这是他在柴郡的最后一年。他父亲在彭伯顿广场找到房子后,摩根就和家人搬到了波士顿。也因为全家迁往波士顿,摩根再一次转学。然后,他又在头等私立学校、圣公会学校及公立学校里念书。

争强好胜的性格使摩根在中学的学习成绩非常优秀。仅在哈特福德读英语高中的头两个月,他的成绩在班上的70人中已居第11名。

他在后来的头等私立学校、圣公会学校及公立学校念书时,成绩一直都很好。此时他已表现出了极高的语言天赋,并能写一手流利的好字,这使他养成了一个检查并证明印刷错误的嗜好。

摩根也喜欢写文章,他在一篇作文中写道:

> 我毕业后,要像父亲和摩根家族的祖先一样从事商业,并且在任何情况下,我都要有自己的想法和行动……

摩根具有很强的虚荣心,当时他的父亲吉诺斯已是很有名气的人。伦敦的《泰晤士报》和带插图的《伦敦新闻》都刊登有吉诺斯的照片。摩根经常骄傲地拿着这些报刊在同学们面前走来走去,然而他这样做并没有赢得同学们的喜爱。

同学们还认为他太冷淡,太花花公子气。事实上摩根虽然是富家子弟,但为了使他养成俭朴的习惯,他的父亲每周给他的零用钱只不过25美分,他必须仔细算计着他的花销。为此,他将购买邮票、糖果等的每一项花销都记在他的账本上。经过精打细算,摩根还是能用这些钱来满足他的虚荣心的。

摩根和普通同学一样也爱好集邮、收藏名人的手迹和名人的签名。他还喜欢收集主流派主教的签字。这时的摩根已经有奥利弗·温德尔·霍姆斯博士和查尔斯·狄更斯等的签名。他还收集了几份《伦敦新闻》杂志。该刊物是用英语出版的最好的期刊,他将这些杂志装订成册。

他给在哈特福德的吉姆·古特温寄去了几份,并要求他也以同类物品作为交换,他非常希望得到阿伯特王子和亨利·克莱的手书。

他和吉姆·古特温有一个共同的爱好,就是喜欢家谱学知识,特别偏爱家族徽章。由于这一缘故,摩根结识了波士顿的一位懂族谱的人,这个人还会手绘盾形纹章图案,价格从2美元至12美元不等。

除了吉姆·古特温之外,他最亲近的人还有他的祖父母和外公。他喜欢吃他的祖母做的小馅饼,他在假期经常去俄塞勒姆看望他的祖母。摩根十分喜欢他的外公,他喜欢听他讲传说中的君士坦丁堡的古迹,还有佛罗伦萨的宝藏。在波士顿的几年是他少年时期最快乐的一段时期。后来当他的外公离开波士顿,前往特洛伊、纽约等其他教区时,他感到十分难过。

就在他人生性格形成的这些年里,摩根不间断地去教堂做礼拜。他的祖父约瑟夫在世的时候,他经常跟他的祖父一起去教堂,有时一个星期要去教堂3次,这是老人晚年时的家庭风俗。在他的祖父去世后,他经常是周日早晚各去一次。摩根把它作为一种生活方式并养成了习惯。

1852年年初,摩根患了一场严重的风寒病,风湿性髋关节炎和膝关节炎使他成了半瘫。他的学校生活又一次中断了。他只能偶尔去上上学,直至晚春的时候,学生们在作秋季入学注册时,他还没有返校。因为春天他的病非常严重,以至于他的一条腿肌肉痉挛,他担心要终身腿瘸,这场病的确使他成了轻微的但却是永久的跛脚。

1852年夏天,他的父母决定将他送到城外去,希望乡村新鲜的空气对他康复会有一定作用。

那个夏天,他在麻省的梅德福德住了一段时间,他的外祖父自离开特洛伊后就一直在那里当牧师。虽然父亲吉诺斯·摩根与他外公家的关系一直不好,但还没有到破裂程度,小摩根的诞生缓和了两家的关系,几年来,摩根常常去看他的外公。

在外公家的一段时间,也没能使他的身体状况有所好转。在持续了数月的高烧之后,家庭医生建议让他到一个干燥、温暖而又充满阳光的地方去疗养。

恰巧,他父亲的一个朋友——前波士顿商行成员、银行家查尔斯·达布尼不久要到亚速尔群岛的法亚尔岛担任美国的荣誉领事。临行前,他和他的女儿到波士顿拜访吉诺斯,谈话中提到摩根的健康问题,吉诺斯告诉他医生的建议。达布尼建议让摩根到亚速尔群岛去疗养几个月,那儿的干燥气候对他也许会有好处。

摩根的父母由于生意繁忙无法一同前往,达布尼主动提出把摩根带到法亚尔并照顾他在那里的生活。所以1852年9月,年仅15岁的摩根就开始了出国历程。他和达布尼一起乘坐代号为"援"的三桅帆船出国了。

摩根从未到过大海,对航海也从没有兴趣。然而,通过这次旅行,他懂得了一些航海知识。他研究风向、水流速度,而且怀着极大兴趣看航海图,通过这次航海旅行,他了解了许多沿海的风土人情。他也是少数不晕船的人中的一个。

当"援"起航时,他病得非常厉害,是被人用担架从家抬到船上的。由于彻底换了个环境,他很快感觉好些了,几天后便能到甲板上一瘸一拐地走动了。

他们在海上足足航行了11天,终于到达哈特港。现在步行对摩根来说却是一件痛苦的事情,他一瘸一拐地走下三桅帆船。

摩根为了不给达布尼增添麻烦，住进了一家名叫西尔维娜的小旅馆，在那里孤独地领略着全新的异国风情。那里的人讲葡萄牙语，他们的风俗习惯足令哈特福德和波士顿的市民目瞪口呆。他的房间一周要6西班牙元，此外还有洗衣费，然而他的衣领熨烫得很少能令他满意。

摩根先是以沉着的态度入乡随俗。毛驴是亚速尔群岛的主要交通工具。虽然他从未骑过驴，但他还是立刻就租来一头驴，骑着在岛内过了把瘾。以后有好长一段的日子，他骑着毛驴在岛上穿行。

环境的改变的确对摩根有好处，从他被抬到"援"船上那天算起，不到一个月时间他就能与其他国家来的移民们一起踢足球、长距离地散步或打弹子球了。一旦他重新有力气，他就开始了各种体育活动。但是他最喜欢的还是用法语和葡萄牙语同进港的海员们闲谈。

摩根在哈特港的另一个小天地就是达布尼的家，他每个星期天都到那里去做礼拜。在达布尼家里的私人教堂里做完礼拜后，主人邀请摩根留下来吃晚餐，然而他总是很有礼貌地拒绝他们善意的邀请。

有时，摩根会跟达布尼的女儿以及她的朋友们一起去爬山或去野餐。然而他最喜欢一个人逛商店，买一些丝袜、小饰品或者买几箱水果、本地产的酒等。所有这些他都寄回家给他的父母、妹妹、医生，还有他的祖母。

这一时期，他还认识了住在同一宾馆的科尔医生，他们一起下棋、打牌、打台球。每当一起去港口玩时，他们总要到船上去打听消息、收集报纸，没有哪一艘去波士顿的船不为他给父母捎信。

摩根是一个又高又瘦的孩子，很可能是老生病的原因。他那一头浓密的、较长的棕发梳向左边。一副浓眉、透出坚毅与沉稳的下巴和嘴,一看就知道是摩根家族的后代。

只是他的嘴唇比他父亲稍厚些。鼻子更大些。他爱一本正经地穿上西装,里面衬着马甲,大衣领子下面系着大蝴蝶结领结,挂着怀表。他写起信来总是长篇大论,描写花卉、食物以及他在住宿方面的事情。

他的怀表坏了,那是因为"援"在航行途中遇到风暴,水从船上的侧舷牛眼窗打到他的铺位上受潮导致的。他把表放在食油里浸泡过,以免零件锈蚀。他上船托人将表带回家去修理,因为他信不过当地的钟表匠。在没有表的几星期里,他全靠观看太阳位置的变化来判断时辰。

他买了一只乌鸦和两只金丝雀来打发时光。他游遍了全岛。当他感到烦闷的时候,他就到达布尼家去,那里专给他安排了一套房子供他随时使用。如果遇到人家家里没人,他就到图书馆坐下看书,一待就是老半天。

在这4个月的假期中,摩根变胖了,他的健康状况也有所好转。他11月20日到哈特港时的体重是57千克,一个月后增加了5000克。又过了两周,他开始埋怨他的衬衫和裤子都太瘦了,一下子变得穿不下了。至3月21日,他的体重已经到了68千克,而他太挑剔,他坚持要穿新潮的波士顿款的衣服,所以在当地的男装店他根本买不到。

于是摩根写信给父亲提出回家的问题,因为他此行目的已经达到。但他希望在归途中顺访英格兰,因为他父母也要去那里,他父亲同意了。

1853年4月15日,摩根登上了开往南安普敦的汽轮船,6天后抵达英格兰。他先在南安普敦游览,后来又在伦敦待了一周。

他很开心在这里见到了白金汉宫、威斯敏斯特修道院、英格兰银行。然后,他继续旅行到了曼彻斯特,这时他的父亲正在那里有一笔生意要做,在那儿会见一些大工厂主和棉花商,他和他的父母在曼彻斯特见了面。

摩根又和父亲一同回到伦敦,住在圣詹姆斯街的一家旅馆里。一回到伦敦,吉诺斯就又为毕比—摩根公司的事务忙去了,他的妻子和儿子又花了几天时间观光。这时,吉诺斯带着摩根见了伦敦金融区有名的银行家乔治·皮鲍狄。58岁的皮鲍狄之前通过吉诺斯的合伙人毕比提出想和吉诺斯合伙,吉诺斯同意了。

摩根在父亲忙完他的商业事务后,再次来到英格兰银行,这回由银行的一位官员带领他们四处参观了这家银行。或许这位官员不会想到这个男孩后来会成为美国最大的银行家。

在伦敦的日子里,摩根还去聆听了坎伯雷大主教以及牛津的主教的传道。

摩根家族的成员把此次伦敦之行只作为他们欧洲之旅一部分,后来他们又去了许多国家。直至7月,摩根才和父母一起乘"尼日利亚号"汽轮船回到他在波士顿的家。

经历了长达10个月的海外旅行的摩根发现波士顿是那么单调,那么狭隘。他好像变得比以前更冷淡了。他非常讨厌学校的那种冗长乏味的生活,但是,他还必须回到学校去。

9月份,摩根又回到原来的高中学习,虽然落了一年的课程,但是仍然和原先的同学一起在先进班。校长说他一直在坚持学习,虽然他的主要时间是在做别的事情,但这也是一种学习。

在校长看来,他大约一年的旅行经历会增长许多见识,等于他在中学3年学的知识。虽然他在中学的最后一年感到很吃力，但还是赶上了1854年的毕业班。

他在给表兄吉姆·古特温的信中说："我现在不得不赶上的课程不仅非常难学，而且很枯燥。我不得不成天埋头在书堆里，没有时间娱乐或运动。我很少在晚上23时甚至24时以前上床。这里的作息时间和哈特福德中学生的不同。但使我感到欣慰的是这是我的最后一个学年。"

其实，摩根并不像他说的那样用功，为了应付考试，他才努力学习。但由于他天资聪颖，那个学年首次评分的时候，他已取得了可喜的成绩，得了494分，同组的第一名是540分。虽属班上的第二档次，但他却把落了一年的课程补了上来。到夏季毕业时，他的成绩在全班已排在第三名了，并被评选为优秀男孩。

在每年举办的优秀男孩荣誉演出中，按规定要读自己的毕业论文，那些被选为优秀男孩的人写的论文一般都是选择写华盛顿或其他早年移居美国的先驱，而摩根那年却毫不犹豫地选择了写拿破仑。

波士顿中学的教学质量相当于美国其他学校高中的水平，重点强调教学。摩根毕业时的成绩说明他很好地把握了机会。他学了算术、文学、科学、地理，以及足以用来检测和驾驶轮船的高等数学。他能讲一口流利的法语，并在宣言纪念会上用法语演讲。他在法亚尔的几个月学了多少葡萄牙语不好说，但在那里他能用葡语交流。

1854年，摩根中学毕业时，他比他父亲受的教育要多得多，而且在全美国，作为一个17岁的青年来说也算是出类拔萃的。

留学瑞士日内瓦

1854年10月,就在摩根中学毕业后,吉诺斯准备举家迁往伦敦,正式成为乔治·皮鲍狄的合伙人,开始新的生活。

吉诺斯此次能下决心去伦敦发展也是看到了皮鲍狄公司的发展前景和皮鲍狄提出的优厚的条件。

皮鲍狄公司专门经营各国国债、州债、股票及国外汇兑等买卖,过去几年,靠着为联邦各州在英国融资,他在英国金融界和政治圈声名鹊起,积累起大量财富,被英美两国的权贵奉若上宾。

与吉诺斯约定在伦敦见面之前,皮鲍狄寻找合伙人一事成为伦敦金融区的最大新闻。人人都想碰运气,但要成为乔治·皮鲍狄公司的合伙人,至少需要有4个条件:爱交际、有家室、有外贸经验,最后一点,是美国人。

詹姆斯·毕比是皮鲍狄的生意伙伴和朋友,同时也是吉诺斯的合伙人,所以毕比把符合条件的吉诺斯推荐给了他。而双方上次在伦敦见面后都比较满意,开始时吉诺斯对离开美国还有些顾虑，经过一番劝说，同时考虑到今后的发展，他终于下定了决心。

此时，已年近60岁的银行家皮鲍狄正在被严重的风湿病所折磨。他担心自己时日不多，而他一生单身，没有子嗣，对几个合伙人也不满意，如何处理偌大家业以及寻找继承者就成为一个迫在眉睫的问题。

吉诺斯决定放弃红火的干菜批发生意前往伦敦。

吉诺斯忙于处理一些离开波士顿的事务，摩根似乎在家里也帮不了忙。他就让摩根和他的表兄出去旅游了。

严格说来，这不是吉诺斯的意思，因为摩根和吉姆在头一年就有这个计划，只是由于摩根家不想让他们俩自己长途旅行，打算让他们秋天随家里人一起去，后来才未能如愿。

他们从纽约出发，从新伊利铁路到布法罗，然后再到尼亚加拉，再前往奥尔班尼、萨拉托加、乔治湖和占勃兰湖。乘公共马车穿过佛蒙特的绿山到白山。在那里他们还想去缅因州。但在佛蒙特旅费所剩无几，因此他们不得不考虑缩短行程，这是摩根有生以来首次为没钱而担心。

他们饥一顿饱一顿，以步代车地节约每一分钱，一路辛苦到了波特兰、缅因，再乘汽船到了波士顿。由于没钱买卧铺舱，晚上只好在船上坐到天明。到了波士顿，他们已经身无分文。他们首先到了摩根公司的办事处，这才解决了他们的经济危机，终于回到了哈特福德。

吉诺斯一家搬到伦敦时，摩根的身体还是不太好，父母因为担心伦敦的大雾有碍他的健康，所以就让他去瑞士的辛利吉学院继续学业。

辛利吉学院位于日内瓦湖畔的维维伊，是由瑞士的辛利吉夫妇开办的，专门为外国学生学习欧洲国家语言和对准备进入大学的学生进行辅导的学校。

摩根经伦敦到瑞士，置身在一个陌生的欧洲大陆寄宿学校的环境中，他的学科有德语、法语、代数和几何。因为他报到晚了，学校宿舍住满了，他只能在学校广场附近租下了一间农舍。

摩根从美国中学毕业，还从来没学过德语，法语也不是很好，能否学好全部课程他自己也没有把握。

实际上，由于摩根的努力加上语言天赋，他在辛利吉学院学得很好，尤其是法语水平提高得很快，从他后来在学校演出的戏剧《雷·马哥雷·留医生》可以看出，他的法语算得上是炉火纯青了。

但辛利吉先生提到他时却抱怨说，摩根能讲很好的法语，但不愿意讲，他用太多的时间与别的美国孩子讲英语。这里除了摩根外还有许多来自波士顿的学生，有佩森兄弟、威廉姆·提凡尼和威利·瑞格斯，他们后来都成为摩根终生的朋友。

摩根在这里还学习了德语，但他在心算方面却显示出了更杰出的才能。他还是一个擅长学习欧洲政治的学生，而且每当他向家里和朋友汇报情况时，总会对一些时事发表评论。

摩根在这帮美国孩子中威信很高，此时的他，和班上大多数同学相比个子都高，也更为健壮，他在运动方面非常出色，他经常率领那些美国孩子爬山、游泳。

对于摩根来说，这所学院最使他感到兴奋的是它拥有很不错的体育馆，能提供划船、爬山和进行冬天运动的场所。他们有一个正式的学校运动队，项目包括体操、健美操、划船和在合适的季节游泳。

来到瑞士以后，摩根身体似乎真的变好了。尤其是在冬天到来之前，他的身体状况非常好。可是到了1月份他又犯病了，而且越来越严重，校医只好找外面的医生来会诊。

经过一段时间的调养，转眼到了春天，他的病总算好了，但心情却因此变得极坏。用"阴沉"一词来形容他面部表情再恰当不过了。每当他感觉不好，或遇到厌烦的事时，他能一连好几个小时阴沉着脸。

他在他不发病时还是很热情的。在野餐和茶话会上，他的温文尔雅的举止给辛利吉夫妇留下了深刻的印象。

然而，颇让辛利吉夫妇伤脑筋的是摩根染上了吸烟和赌博的瘾，而且在学校举办的晚会上，摩根经常不参加或偷偷溜出去，躲在宿舍里开自己的宴会。摩根还经常旷课，他独自玩单人纸牌游戏，一玩就是几个小时；他也常常独自在乡间徘徊，捡一些教堂外破旧的、污迹斑斑的玻璃碎片。

摩根认识了维维伊的几位年轻的社会名流，并和另一位美国青年一道被请去组织一些私人舞会，甚至参加了由一名俄国显贵主办的聚会。

"我过得非常高兴，"他给哈特福德的吉姆写信说，"那位俄国显贵举办的聚会十分气派，出场女士的服饰都非常考究，但我感到太拘谨了。他们就在离贝勒里维学校约1000米的地方，过着豪华的生活。"

摩根在这段生活中写了许多长篇大论、各种题材的信件，记录着他的奇遇和讨论他所感兴趣的任何问题，他的日常生活中有学习、舞会、香槟酒会、茶会等。

　　快到1856年新年时，在他的记事簿上写着他1月份要参加4次舞会和接受了另几个邀请；2月份有3次，3月份还要多。

　　不久，吉诺斯开始为摩根选择合适的大学。他认为德国的哥廷根大学或许比英国的牛津大学或者美国的哈佛大学对于他儿子将来在国际金融方面的事业更为有用。

　　摩根接受了他父亲的安排。

就读于德国名校

1856年4月，摩根在维维伊度过了一年半之后，已经准备好进入德国的哥廷根大学的奥古斯都皇家学院继续深造。

他选择哥廷根是因为该大学数学和科学课程非常有名，而他对此很感兴趣。而且让他感到高兴的还有他在维维伊一起读书的弗兰克·佩森也将和他一起进入该校。

临行前的几天，他们忙着跟他们的朋友话别，他们又是跳舞又是喝酒，一直尽兴到临行那天早上4时。

在去德国的途中，他们先到了洛桑，在那里住了一宿。然后雇了一辆私人四轮马车去巴黎，走了整整一天一夜，第二天早上5时才到了巴黎。

摩根的母亲在那里迎接他们，陪他玩了几天，但更多的时间还是他们自己出去游玩，他们在巴黎享受了几天不被人监护的自由时光。他们到剧院看演出；到林荫道旁的咖啡店喝咖啡；到书画和古玩店中欣赏或购买字画；他们还两次来到艺术品展览会上观看展品。

哥廷根大学位于德国西北部萨克森州南部，1734年由英国国王、汉诺威大公乔治二世在哥廷根创办，旨在弘扬欧洲启蒙时代学术自由的理念，创办之初，即设有神学、法学、哲学、医学四大经典学科，尤其是以自然科学和法学著称。

该校不仅教授阵容强大，学生也大都是来自世界各地的优秀人才。1862年被威廉一世任命为德国首相的奥托·俾斯麦，20多年前，即1832年至1835年也曾就读于哥廷根大学。

来到哥廷根大学的第一天，摩根就受到一个不大不小的打击。在他入校注册时，他极其认真地写下了受洗礼时的全名，但他却被无礼地仅以"约翰·摩根"这个名字编入名册，他的自尊心受到了伤害。

哥廷根大学是贵族学校。每年都有来自英国、斯堪的那维亚和美国的数以百计的富家子弟入学，在此毕业的学生多半参加了独立军团或当了政府职员或成为外交官。

尽管摩根的同学绝大多数是贵族子弟，然而，他还是很快得到了同学们的认可。尽管他过于突出的鼻子总是红红的，但他仍不失是一个英俊的年轻人，牙齿整齐，黑褐色的头发总是梳理得很整齐。

摩根的衣着很考究，连最挑剔的纨绔子弟也无法指责他剪裁得体的上衣、锦缎织的马甲和显然是手工制作的靴子。他1.8米多的个子，再配上得体的衣服，让他充满了自信，他的行为举止表明他具有良好的教养。

摩根很快适应了学校里的一切。摩根和在维维伊一样以极大的热情参加哥廷根的学生会的社会活动。他先是参加了一个名叫"汉娜威拉"的学生组织，但摩根并非正式成员，因为做正式成员脸上要刺一个标记,这在德国被当作是荣耀的象征,而在伦敦和哈特福德却不同,摩根不想让他的朋友看到他毁了容。

后来,摩根还参加了一个名叫"学生团"的组织。这是当年俾斯麦在校时创办的一个学生社团。该社团的成员有一个共同的吸烟嗜好,就是拿着一支约1.2米长的细陶管,里面装着气味很浓的弗吉尼亚烟草,坐在俱乐部里或者校园的台阶上喷云吐雾。

摩根也像其他成员一样经常头戴一顶缀着羽毛的圆帽,身穿一件皮革背心,外面套着件短夹克,腰间还束着根皮带,佩着中世纪骑士的那种宝剑,嘴上叼着烟管,大口大口地吸着。但很快摩根的爱好就转移了,香烟取代了烟斗;而且尽管摩根是一个好剑客,然而他却不想冒险,不喜欢让他的脸上布满决斗场上的那种令人恐怖的表情。

摩根被大学录取的时候收到一张大的证书,证明他是哲学系学生;还有一张小卡片,他可以放在皮夹里随身携带。这实际上是一张向警察出示的身份证,因为学生们经常参与一些大喊大叫的嬉戏活动,如果他们喧闹过格把警察给招来了,就可以出示此证证明自己的身份。

每隔3个月,城里举办一次季节集市或交易会,学生们都会去赶集。他们有时因喧闹,有时因打破了陶器或弄翻了农民的瓜摊而被关进监狱。但那绝不是城里的那种真正的监狱,而是大学治安警专设的一种禁闭室。摩根特别小心谨慎,从未有过被监禁的尴尬。

摩根经常与来自英、法、德各国的同学一起沿着莱茵河散步聊天儿,不同国家的同学和睦相处,颇有一种"四海为家"的感觉。

摩根最喜欢跟那些长有淡黄色的头发和眼睛的来自萨克森的同学混在一起。他们具有傲慢自大、粗鲁胡闹和爱酗酒的秉性,而摩根在维维伊养成的嗜好烟酒的坏习惯仍然保留着。他会和他们一起去参加花园露天音乐会和舞会，还会和他们一起租一辆马车到乡村旅馆，整个下午在花园院子里喝啤酒。

不久，摩根争强好胜的性格再次表现出来，他喜欢在当地酒馆中围绕着钢琴唱歌，表现他洪亮的嗓音。

当然，摩根在学业上仍然非常刻苦用功，摩根每天都花上好几个小时待在拥有近500万册藏书的图书馆里。除了哲学课等主课外，他又选修了三角学和化学课，他在语言和数学方面也投入了很多的精力。

当然摩根也知道，他父亲把他送到欧洲大陆上学，目的之一就是为了使他学会流利的法语和德语。尽管他学习过一些德语，但他的德语还不过关。刚开始要想听懂用德文讲的课程非常难，所以他请了一名教德语的家庭教师，并利用一切机会进行练习。

摩根到哥廷根不久，学生们为汉诺威王的寿辰举行了一个欢庆仪式。他们在聚会上唱歌跳舞，还喝了许多啤酒。聚会持续了4个小时，摩根感到哥廷根的姑娘们对美国人讲德语时生硬而奇妙的口音很感兴趣。

后来他在给吉姆的信中写道：

> 下周又要有舞会了，我又有机会去和年轻的女士们练习德语，我有一个格言是要么沉下水，要么游上来，不活则死。或更确切地说，用半年时间学会德语，否则就一点也不学了，我下决心尽自己最大的努力。

春天就要过去了，摩根开始考虑假期怎么过的问题，他向父亲提出要回家去度过漫长的暑假，但父亲却极力主张他留在德国以巩固德语。因这对他未来的职业是必不可少的，吉诺斯给他的儿子写信如此说。

显然，吉诺斯打算让摩根在商业银行业务上成为他的助手，而此时的摩根却在考虑加入一家欧洲商行的问题，可能在荷兰，那里似乎既安定又有机可乘。

后来，摩根做了让步，他考虑在柏林或德累斯顿过完夏天甚至冬天，而他父亲建议他到圣彼得堡去度过暑假，这样可以使他再次扩大欧洲事务方面的知识，他希望儿子充分利用这一受教育的机会。

摩根却决定改在假期回伦敦，他后来真的这样做了。那年秋天，他还去了伦敦一家会计师事务所。

在那个假期，摩根和他父亲进一步讨论了自己前途问题，他父亲希望他加入一家欧洲商会，但他不很愿意。他想回到美国自己的家乡。最后他们还是决定：摩根先回到德国继续学习。

也在那个暑假，在瑞士，很让摩根心仪的霍夫曼小姐也从维维伊来到了伦敦。再次见到她，摩根很兴奋，他甚至有些爱上她了，只是由于她是瑞士人，而他从来没有认真地考虑过要娶一个不是美国人的女子为妻。

他已认真考虑过婚姻这个问题，并且为自己的一生订出了计划，他在给表兄吉姆的信中说："虽然我们的专业差别大，但我们都会在商界，出于这一原因，我们有责任选择这样的女人做我们的妻子，也就是说当我们下班回到家时，她们必须做好一切准备使我们开心，而且对我们的家庭感到满意。"

谈到未来的妻子时，他说："重要的是她必须是内向的，她的心必须在家里系在丈夫和孩子身上,而不是在外面世界。"

尽管霍夫曼小姐不是他理想的选择,但摩根还是很热情地陪她去戏院,而且同她多次共进晚餐,后来霍夫曼小姐去了美国。摩根向他的表兄吐露内心的想法时说,他从来没有认识过像她这样的年轻女子。"她现在走了,我可能再也见不着她了。但假如我在那里生活许多年的话,我相信我会对她另眼相看的。"

在这次漫长的假期结束后,他回到了哥廷根,而且是带着一口流利的德语回来的。他开始学习击剑,他曾为自己不是那些德国人的对手而感到有点尴尬,虽然他们都是专业选手。到了冬天,让他非常痛苦的气管炎又犯了,他不得不放弃这项课程。

至11月,他对自己在德语方面的进步感到异常高兴,并说他能很流利地与同学对话了。学生联合会为一部分教授办了一次聚会,表演了几场喜剧,通过这些剧目他知道自己达到了能观看和欣赏节目的德语水平。

幸好摩根的德语进步得非常快,否则他就无法为自己伸张正义了。在哥廷根大学学习期间,摩根遇到了一件令他十分愤怒的事情。他的满满一箱子的信件和照片被偷,包括一张他母亲的很珍贵的照片和他十分珍视的签名纪念册。后来摩根告诉他的表兄吉姆说:"这最起码得值100美元。"

警察逮捕了两个青年,并找到了那只箱子,可是里面的东西不知去向。

在法庭上,摩根不仅条理清晰,并且用很纯正的德语向法庭提供了证词,结果盗窃者被判了9年徒刑。

摩根其他各科的成绩也都十分优异,尤其在数学方面更表现出非同一般的才华。他的数学教授曾建议他留下,说再过一年他就会被聘为助教和辅导员了。

教授说,摩根完全有可能在类似这所大学的研究所的某一数学领域取得一席之地。这是哥廷根的教授对一位学生,特别是一名入学时间不长的美国学生的高度赞扬。

这位教授甚至认为,如果摩根回到美国去经商的话,他就是在浪费自己的生命,所以他鼓励摩根把这门科学作为自己的终身事业。

当然,摩根除了经商外,他没有别的野心,要他放弃祖业而从事学术生涯是不可能的。假如他真如教授期望的去搞数学,那么美国金融史上就会少一位杰出的人物了。但摩根还是非常感激教授给予他的这一荣耀,而且在后来的日子里经常提起。

这一年,他除了数学和化学,还选修了欧洲历史,还有法国戏剧学和文学。

他对欧洲的兴趣更广泛了,因为他已决定要回美国经商了。他说这是他自己的主意,因为他父亲抱怨过在这期间自己也搞不清该怎样对付他,在他父亲看来,摩根坚持要回去是没有道理的。

1857年4月,他同他的朋友们一同庆祝了他的20岁生日。

投机咖啡获暴利

　　1857年的夏天，摩根在结束了哥廷根大学的学业后，和他的表兄吉姆·古特温做了一次暑期旅行，使他伤感的心情得到了些许安慰。

　　他们去了科隆、布鲁塞尔、安特卫普、巴黎和维也纳，一路上他们玩得非常愉快。摩根流畅的法语和为人处世的老练与潇洒给吉姆留下了深刻的印象。

　　然而，他们愉快的假期马上便被打断了。就在他们到达维也纳时，吉诺斯的一封信早已等在那里。信上告诉摩根，让他去伦敦与父亲的一个名叫亚历山大·邓肯的朋友见面，他是邓肯—谢尔曼商行的老板，假如摩根想回美国经商的话，他要先到邓肯的商行去实习，这是他接受必要的训练的一个机会。

　　摩根马上经由巴黎去了伦敦，与亚历山大·邓肯见了面。邓肯实际上是皮鲍狄公司在美国的代理人，因此，对摩根的安排很快就确定了，邓肯同意让他到纽约的邓肯—谢尔曼商行工作两年。

　　摩根准备去纽约开始他的商业生涯的时候，纽约已是一个拥有

50万人口的大城市了，而美国人口已达到约3000万人。整个国家和这个最大的城市人口都在迅速地增长，以至于吉诺斯不再极力主张让摩根到欧洲谋职，而同意他回到美国从事商务。

9月，摩根乘船到达纽约，他比原计划提前了几天，他想利用等待工作的日子去了解一下纽约的概况。

不几天，摩根已了解到此时纽约市的繁华地区在华盛顿广场附近。曼哈顿区最漂亮的餐馆是位于闹市比弗街的德尔蒙尼科饭馆。北曼哈顿区是小农场主集中和满是乡村房屋的地区，在城市与乡村分界线以北8000米的地方有个郊区叫哈莱姆。

在正式工作之前，摩根受到邓肯的邀请，到他在康涅狄格州的别墅去度假。在那里，他结识了乔纳森·斯塔杰一家，包括他们的两个女儿弗吉尼亚、亚美莉亚及儿子亨利和弗雷德里克。一心想成为歌唱家的亚美莉亚·斯塔杰，大家都称呼她的昵称"咪咪"。

咪咪温文尔雅，妩媚端庄，走起路来像山间的百合一样婀娜多姿，楚楚动人；她和邓肯夫妇聊起音乐或美术来，更是神采飞扬，摩根一下子就被她迷住了。

一个星期后，摩根搬进位于西区第七大街45号的公寓里，与乔治·皮鲍狄先生的亲侄子约瑟夫·皮鲍狄同住。

从此，摩根在纽约安定下来，开始了他的学徒生涯。他每天坐马车或徒步到位于曼哈顿商业金融区的皮纳街11号的邓肯—谢尔曼商行去上班，他们在办公室为他准备了一张办公桌。

摩根首先在查尔斯·达布尼的指导下从事会计和记账工作。查尔斯是上次带摩根去亚速尔群岛进行疗养的达布尼先生的一位堂兄弟。因为摩根非常感激达布尼先生，所以两人一见如故，像是见到了亲人，查尔斯也很喜欢这位年轻人，俩人很快成了好朋友。

查尔斯教他账务处理工作，包括填制凭证、登记账目、结算账目、编制报表以及成本核算等，这对摩根来说简直是小菜一碟儿。

大学刚毕业的摩根身材颀长，神采奕奕，深邃的双眼闪耀着蓝色的光芒，尽管他很年轻，但仍给人一种老谋深算的印象。他的眉毛很浓很密，眉骨处又弯成钩状，锐利的目光好像能洞穿人心。摩根天生一副好骨骼，看上去线条优美，瘦长高挑，但肌肉却很结实。

摩根在查尔斯手下工作自然会很受关照。当然，摩根也不愿辜负老父亲的重托和老板的器重，决心努力学好金融业务。他工作很努力，进步神速，连查尔斯对他能如此之快地掌握会计工作都感到十分惊讶。

然而不久，摩根对单调的工作开始感到厌倦。他开始向父亲抱怨，希望尽早结束在邓肯—谢尔曼商行里的工作。吉诺斯也感到或许应该让他早日熟悉棉花生意，但是后来的金融大危机使得吉诺斯无暇顾及摩根的要求了。

就在摩根在纽约工作了半年后，一场金融大危机在美国爆发了，这就是1857年的那场金融危机。

这场冲击在美国形成的严重后果是：俄亥俄人寿保险公司倒闭了，柯林斯轮船运输公司和许多银行遭到同样厄运，摩根所在的邓肯—谢尔曼商行也受到影响。更为严重的是这场危机使美国人在伦敦的利益受到比在国内更为严重的冲击，与他父亲合伙的皮鲍狄公司也被卷了进去。

摩根对他父亲信中的悲观语气非常重视。摩根为了体谅他的父亲，保证一定非常节约自己的开支，甚至表示要搬出和约瑟夫合住的公寓。他说他不愿再享受约瑟夫·皮鲍狄的免费招待了，应该搬出去自己过，并说他之所以要搬出去是因为邓肯—谢尔曼商行也该给他开工资了。

1858年春天，伦敦银行的贷款才使那场危机过去。吉诺斯向他的老朋友邓肯提出是否应该让摩根早日参与一些棉花方面的业务。当纽约许多家公司破产时，曾经得到皮鲍狄公司帮助的邓肯—谢尔曼商行根本无法拒绝这种请求。

那年冬天，摩根就被派往古巴的哈瓦那采购棉花，正好可免受纽约的寒冷。

摩根在古巴住了数日，他对这个国家的亚热带温暖的气候感到特别满意。他拜访了许多代理人。许多种植园主对于摩根良好的风度和流利的法语都留下了很好的印象，所以棉花生意进行得很顺利。

但是摩根小时候就表现出来的那种爱表现自己的天性，似乎仍没有大的改变。他的兴趣不仅限于棉花。他除了为自己和朋友买了一些烟草外，还采购了大量的鱼、虾、贝类及砂糖。

他登上归途后不久，再一次充分显示出了他的精明能干和他的冒险精神。

他在古巴办完事后并没有马上返回纽约，而是打算先到新奥尔良，在那里又用几个月的时间继续学习棉花生意。当时的棉花买卖是那些大商贸公司打入国际市场的主要手段。

摩根的父亲在哈特福德的棉花生意曾做得很大，而且还用很多时间在南部几个州经营这种业务。摩根知道如果他也想和他父亲一样与乔治·皮鲍狄及其公司联手的话，他必须学习棉花生意。

摩根来到了邓肯—谢尔曼商行在新奥尔良的一家分公司。通过多位朋友的帮助，他很快投入到这个繁忙城市的社会生活中去了。

在那里，他首次独立经商，而且从中感到金融和贸易领域才是他着迷的职业。

摩根在码头的轮船中间谈着生意，然而这不是他的唯一动机。因为早在法亚尔和波士顿的日子里，他就热爱上了港口和出海的轮船。而且他爱到海洋商船的甲板上去和那些船长们聊天，他对海洋商船特别迷恋。

他第一次出海乘坐的是一艘海船，在那上面的浪漫是三桅或多桅船以及用汽轮带动的、噪声很大的货船都无法比拟的。

一天，他信步走过了充满巴黎浪漫气息的法国街，来到了嘈杂的码头。码头上，晌午的太阳烤得正热，远处从密西西比河下来的轮船停泊着，黑人们正忙碌着上货、卸货。

"先生，想买咖啡吗？"突然有一位陌生的白人从后面拍了拍摩根的肩，问道。那人自我介绍说，他是往来巴西和美国的咖啡货船船长，受托到巴西的咖啡商那里运来了一船咖啡。没想到运到美国后，那个买主已经破产了，这个船长只能自己把咖啡推销出去。如果谁愿出现金购买，他愿意以半价出售。

这位船长大概看出摩根穿戴考究，像是一位有钱人，于是就跟他谈起了这笔生意。

摩根跟船长上了船，看了样品，考虑了一会儿，就打定了主意买下这些咖啡。当摩根带着咖啡样品到当地与邓肯商行有联系的客户那里推销时，经验丰富的公司职员劝摩根谨慎行事，价钱虽然让人心动，但舱内的咖啡是否同样品一样，谁也说不准，何况，以往还发生过船员欺骗买主的事。

"摩根先生，您太年轻了，谁能保证这一船咖啡的质量都是与样品一样呢？"他的同伴在一旁提醒道。

"我知道了,但这次是不会上当的,我们应该签约,以免这批咖啡落入他人之手。"摩根对自己的眼力非常自信,以邓肯商行的名义买下了这批咖啡,并电告了邓肯商行在纽约的办事处。

当邓肯听到这个消息,不禁吓出一身冷汗。在回电中对摩根措辞严厉:"不得擅用商行的名义,尽快脱手,自己承担损失!"

面对粗暴的邓肯,摩根决心赌一赌。他写信给远在伦敦的父亲,请求父亲助他一臂之力。在父亲的资助下,摩根还了邓肯公司的咖啡款,并在那个请求摩根买下咖啡的人的介绍下,摩根又买下了许多船咖啡。

在摩根买下这批咖啡不久,巴西咖啡遭到霜灾,大幅度减产,咖啡价格在很短的时间内上涨两三倍,摩根旗开得胜,大赚了一笔。这时,连邓肯也不得不发出啧啧赞叹。

摩根后来向朋友解释说,其实那次冒的风险并不像人们想象的那么严重,应该说真正的风险是那位船长有可能在咖啡质量上欺骗他,但他在这一点上非常自信,他总是根据一个人的言谈举止来判断他是否可靠,而他的判断从未失误过。

守护忠贞的爱情

虽然摩根有父亲为他准备的美国式样的全套服装及足够的花费，但他仍然很节俭，他非常细致地管理他的账目。

从花掉的12美分的理发费到午餐用去的30美分，晚餐用的37美分，偶尔周六的正餐可能会用掉的1美元等，摩根都仔细地记在本子上。但他也经常会捐给乞丐1美元，或给他们买些热汤和咖啡。甚至有时会很慷慨地捐给慈善机构10美元。他还常常花2.65美元的路费去哈特福德看他的祖母。

刚回到美国的摩根得到了很多新老朋友的关照，晚上和周末他经常会受邀到这些朋友的家里去，但周三和周五晚上，摩根一般都要尽职尽责地给他的父亲写信，详细地告知父亲纽约的市场动态和其他任何相关的东西。

夏天过后，摩根的主要活动场所已转移到位于纽约东区第十四大街5号的一幢石砌的豪华住宅里了，这里已经成为最使他魂牵梦绕的地方，这是教区委员乔纳森·斯塔杰的家，他的女儿就是当初让刚毕业时的摩根一见倾心的咪咪。

摩根在第一次认识这家人后，心里就一直放不下斯塔杰家的小女儿了。后来通过参加圣乔治教堂的活动，他更多地了解了这一家人，并很快成了斯塔杰一家的朋友和常客。

他在这里还结识了许多艺术家、诗人和音乐家，重新找回了自从离开欧洲之后一直朝思暮想的世界主义的氛围。当时的斯塔杰家成了一群有天赋的业余青年音乐家和艺术家的活动中心。摩根是受欢迎的来宾，因为他比纽约的大多数青年有文化得多，而且他比那些城市商人同事们对欧洲文化艺术要知道得多。

经过长时间的接触，比摩根小两岁的咪咪也被他的翩翩风度所吸引，而摩根也感到与咪咪在一起非常惬意。

摩根是一个多情的、不愿压抑感情的人。然而，在他真正喜欢的姑娘面前，他仍然是一个十分腼腆的年轻人。渐渐地两个情投意合的年轻人开始密切地交往起来。

他们相互依恋，在周末经常找一个安静的地方，坐下来下国际象棋、聊天或一起到咪咪的姐姐家去做客。这些愉快的周末使摩根从他那令人窒息的办公室中得到暂时解脱。

长时间在"嘶嘶"轰鸣着的冷气机下工作，摩根总是感到头痛；而与咪咪在一起，却让他感到轻松和幸福。

两人的恋情也得到了双方家庭的赞同。

1859年年初，吉诺斯和妻子朱丽叶来到纽约。他们先去看望了母亲老摩根夫人，然后处理了乔治·皮鲍狄公司在纽约的一些业务，最后去看望了他们的儿子。摩根向咪咪求爱的事当然瞒不住了，他也没有要保密的意思。

吉诺斯拜访了斯塔杰家，实际上摩根已是那里的晚间常客，双方家长也很高兴他们所看到的这些。吉诺斯认为咪咪正是那种他要求儿子娶为妻子的姑娘。

父母走后，摩根兴奋地告诉咪咪，他的父母第一次见到她就喜欢她。后来，由吉诺斯向斯塔杰家发出了到英格兰摩根家做客的邀请，这门婚事就算由双方父母答应了。

1859年2月，咪咪陪摩根夫人到了英格兰，她家的其他人随后也去了伦敦。

经历了第一次的冒险生意而获成功以后，摩根从新奥尔良回到纽约，他向邓肯—谢尔曼公司告了长假，去伦敦看望家人，咪咪和她的父母仍在伦敦。

摩根回到伦敦，再次见到咪咪，并看到两家人已成为朋友，感到非常高兴。这时咪咪正同她的父母住在哈拿沃广场旁一套租来的公寓里。

在他看来，伦敦是他曾经来过的地方，比较熟悉。然而他错了，他的家人虽然住在那里，对伦敦有很深的了解，而他每次在那里从来没有超过一周时间，相反，他对瑞士和德国比对英国更了解，所以他比谁都急于在伦敦观光，特别是现在他有人陪伴了。

他不论如何总是很主动地做斯塔杰一家的向导。他们坐在吉诺斯漂亮的四轮马车里参观了海德公园在星期天举行的阅兵式，观赏了约翰·纳斯的大理石拱门，购买了许多女式衣服、小饰品，还品尝了摩根家一位极佳的厨师为他们准备的最好的英国菜肴。

摩根直至1859年12月才和斯塔杰一家乘科纳德班船"波斯号"返回纽约。这次是摩根和家人在王子门和罗汉普顿待的时间最长的一次。他和咪咪及其两家人在伦敦度过了半年多愉快的时光。

1861年的10月，经过3年的恋爱，摩根和咪咪就要结婚了，但这是一个迫不得已的、让人感到有些伤感的婚礼。

婚礼是在新娘的家里举行的，新娘的父母和双方的亲戚都来了，但新郎的父母却没有来，因为他们在得知新娘染上非常严重的肺结核后一改初衷，坚决反对这桩婚事。但让他们惊讶的是，他们的儿子会如此坚决地准备完成这桩婚事。

婚礼开始了，由牧师做了简单的祈祷后，新郎和新娘宣誓永远相爱，交换了戒指，并相拥亲吻。仪式进行了不到10分钟，一身礼服的新娘已经有些体力不支了，需要新郎来搀扶。

婚礼草草结束了。此时，躺在床上的新娘面色惨白，一动不动，一会儿却突然猛烈地咳嗽起来，头上渗出细密的汗珠。咪咪现在已经进入肺结核第三期，病情恶化速度之快，让医生始料未及。她已经瘦得皮包骨头，还持续发着烧。

咪咪的母亲斯塔杰夫人终于忍不住哭出声来，她一再恳求新郎："无论如何，你要想办法救救可怜的咪咪。"

摩根强忍住悲伤，向她保证："我一定找最好的医生治好她的病。"

摩根轻轻抱起咪咪，让她的头靠在自己怀里。他原本想等咪咪病好了以后再举行婚礼的，但看到咪咪的状况，所以就把仪式提前了，如果出现什么意外，他不想让咪咪带着遗憾离开这个世界。

"摩根，这次旅行你们打算什么时候回来？"摩根的表兄吉姆低声问道。

"还没定好。"摩根答道。

主治医师曾建议摩根带着咪咪找个温暖的地方去疗养，说不定会有一些收效，他当时在心底里燃起了最后一丝希望。他想到了温暖的阿尔及尔，他在哥廷根留学期间，曾和同学到那里旅行，那儿的景色和宜人的气候给他留下了深刻的印象。

阿尔及尔在阿拉伯语中是"海岛"的意思，现在作为地中海对西非贸易的重要中转港，非常繁荣。这里气候温和，风景秀丽，在平缓的山丘上北非式的城堡星罗棋布，山丘下，伊斯兰教寺院错落有致。在城堡上可以俯瞰被翠绿覆盖的山丘，眺望碧波万顷的地中海……

"你在那里好好养病……"

"谢谢，摩根，我一定会好起来的！"

客轮甲板上的新婚夫妇，亲昵地拥在一起，心里怀着对未来的无限憧憬，这让仍然发着烧的新娘心情少有的舒畅。

"呜——"汽笛长鸣，轮船驶向大海。海风吹来，微微有些寒意，摩根和咪咪恋恋不舍地走进客舱。

此后不久，在曼哈顿岛纽约证券交易所对面的一幢旧楼的二层，又新增了一块招牌——摩根商行。

在战争中寻找机会

1862年1月27日，林肯总统颁布了"第一号命令"，对北方军队进行了全军总动员，下令陆、海军展开全面进攻。

一天，摩根商行来了一位拜访者，那是个比摩根大两三岁的小伙子，名叫克查姆。他是一位华尔街投资经纪人的儿子，是摩根新结识的朋友，来和摩根闲聊。

"我父亲在华盛顿听到个消息，最近一段时间北方军队的伤亡惨重。"克查姆说。

这句话马上触动了摩根那敏感的神经，"如果有人大量买进黄金，汇到伦敦去，会使金价狂涨的！"摩根自信地说道。

克查姆也非常同意这个看法，并对摩根的商业意识佩服得五体投地，于是两人精心策划起来。他们最后决定，联手伦敦的皮鲍狄秘密地买下四五百万美元的黄金，到手之后，将其中一半汇往伦敦，另一半留下。然后有意地把往伦敦汇黄金的事泄露出去。这时，估计许多人都应该知道北军新近战败的消息了，金价必涨无疑，这时再把手里的一半黄金抛售出去。

两人说干就干，而事情也一如他们所料，到处都在流传着皮鲍狄买了黄金的消息。黄金价格一路飞涨。不但纽约的金价上涨，连伦敦的金价也被带动得节节上扬，摩根与克查姆可谓大获全胜，大赚了一笔。

当时，《纽约时报》对金价上涨做了调查，根据调查结果，报道说："没有任何正当理由来解释这次金价暴涨，这次涨价根本就与军需品、粮食、棉花等的输出和输入无关。这一事件的实际操纵者，是纽约的一名青年投机家摩根。"

第一次投机黄金买卖成功后，摩根深深体会到了信息的重要性，先得到信息就意味着胜利。因此，摩根千方百计地说服一位原陆军部电报局的接线员史密斯来摩根商行做电报工作。

这位史密斯的好朋友温尼尔上校是北方军统帅格兰特将军的电报秘书，通过这层关系，摩根就能比其他人抢先一步获得最新的前线军事情报。

不久，电报就显示出了它的威力。

1862年10月的一天，摩根收到了父亲从伦敦发来的电报："南方军用来突破北方军海上封锁线的炮舰，都是英国的造船厂承造的，联邦为此再三向英国政府提出抗议，然而英国方面毫不理会。为此，林肯总统和国务卿斯瓦特正通过美国驻英大使亚当斯，向英国政府提出最后通牒，要求停止为南方军造船。你要特别注意华尔街的动向！"

摩根马上通过史密斯向华盛顿查询，得知林肯总统这次是下定了决心，态度强硬，甚至不惜与英国断交。

不久，老摩根又来了电报："英国政府已答应了美国政府的要求，停止承造南方军的炮舰，但必须有个先决条件，即5天之内美国政府必须准备价值近100万英镑的赔偿费，作为对各造船厂停工的补偿。"

很快，新的电报又到了："亚当斯大使穿梭于伦敦金融界，到处游说，希望能得到帮助，然而失败了，事已至此，美国的皮鲍狄公司被委托在24小时内准备好价值100万英镑的黄金，这一消息属于绝密，你可以见机行动。"摩根毫不犹豫，立刻大量购进黄金。

第二天，由于皮鲍狄公司大量买进黄金，金价飞涨，摩根趁机卖出，就此又大赚一笔。

随着南北内战的推进，联邦政府出现了财政危机，需要发行4亿美元的公债才能解决燃眉之急。

因为局势不明朗，华尔街上没有人愿意承销这么一大笔债券，但是摩根却爽快地答应政府，承担其中两亿美元的国债发行。

一开始，摩根并不急于发行公债，而是频繁地参加新闻界举办的各种聚会，并对美国经济的发展趋势和战局的变化侃侃而谈，摩根的主张和言论开始出现在报纸上。

在之后的日子里，摩根开始了北方各州的巡回演讲，他从缅因州到弗吉尼亚州，从纽约州到加利福尼亚州进行了一系列慷慨陈词的演讲，大谈爱国主义，主张每个人都要为民族和国家的命运贡献力量，同时他自己开始慷慨解囊积极购买国债。

当摩根成功地将自己塑造成为爱国主义英雄的时候，两亿美元的国债也在爱国主义热情的簇拥之下顺利完成发行，随即摩根也从政府那里得到了一大笔发行费。

与政府的这次合作，让摩根找到了在资本市场的立身之本。在公众中树立良好形象，做到言而有信，尽可能地将个人利益与政府利益捆绑在一起。

南北战争结束后，摩根的公司进一步地扩大了规模。新的合伙人是他以前的同事查尔斯·达布尼以及摩根的表兄古特温，摩根公司也由此改为达布尼—摩根商行，但摩根仍牢牢地掌握着对伦敦商业关系的大权。

意外进入铁路业

1865 年,摩根再次结婚了,新娘是一个名叫弗朗西斯·崔西的律师,人们爱叫她范妮。第二年,范妮生下了他俩的长女露易莎。次年又生下了两人唯一的儿子小摩根,他们又叫他杰克。

此时,终于成为华尔街银行家一员的摩根,又把目光瞄准了铁路,这时,各地纷纷营建铁路,它已成为美国新的投机热门。但是面对华尔街铁路投机的混战,摩根并没有急于出手,而是在等待一个合适的时机。

不管是在南北战争以前的投机咖啡,还是在南北战争期间的黄金交易,摩根都获得了成功,这让他积累了丰富的投机致富的经验,也使他在华尔街云集的投机者中成为一个佼佼者。

在华尔街年轻的投机者中还有一个叫乔伊·顾尔德的厉害角色,33 岁就名声大噪。由于他买对了华盛顿铁路以及纽约的萨拉托加地方的伊利铁路股票赚取了巨额财富而成为华尔街铁路大王之一,几乎就与赫赫有名的康乃里亚斯·凡德华尔特齐名了。

凡德华尔特是在美国铁路运输业和船舶业中极为成功的一个

人，比顾尔德大 42 岁。他是位于纽约湾内的斯达汀岛上的人，原来是本地一个渡口的船老大，后来靠加利福尼亚淘金热时开发运输线路和南北战争时把几艘游艇改造成军舰租给北方政府而大发其财。

凡德华尔特是纽约中央铁路的所有者，因为曾经联合伊利铁路的拥有者洛克菲勒对付顾尔德，所以成了顾尔德的死对头。在他 70 岁的时候，从船舶运输业转向了铁路投机事业，并首战告捷，先是取得了哈雷铁路的所有权，后来又取得哈得逊铁路所有权。

接着，凡德华尔特乘胜前进，买下了由纽约州首府奥尔巴尼通往五大湖畔的水牛城的纽约中央铁路股份。这一步刚刚实现，他立即申请州议会同意合并了哈雷、哈得逊、纽约中央 3 条铁路。

凡德华尔特取得了极富战略意义的铁路，从纽约直至五大湖畔，这条铁路可经过石油、钢铁以及煤炭的主要产地——宾夕法尼亚州，并可延伸至俄亥俄州、密歇根州，直至伊利诺伊州的芝加哥。

然而此时已 74 岁的凡德华尔特，却并不因此而停步不前，他又看中了另一条黄金路线，与他的铁路相接的当时为顾尔德所有的伊利铁路。

1868 年，又一场大战拉开了序幕，这就是后来有名的萨斯科哈那铁路之战。

对于凡德华尔特的挑战，善于运用权术诡计的顾尔德当然也不甘示弱，加上他的事业伙伴吉姆·费斯克，更是所向无敌，锐不可当。伊利铁路的股份就是他俩耍弄手腕、从地方实业家手中强行购买下来的。他们向老凡德华尔特展开了猛烈的反攻。

双方开始先从南接顾尔德的伊利铁路、联结东部工业城市与煤炭产地的大动脉的萨斯科哈那铁路展开厮杀,对于这场牵扯到宾夕法尼亚州和纽约州之间利益的铁路收购争夺战,摩根始终保持观望态度。

摩根的表兄古特温经常来找他喝酒,每当喝到一定程度,他常常发出感慨:"顾尔德和费斯克这两个人联合起来,确实厉害。去年他们在股票市场上横冲直撞,大获全胜,竟然没有人能与之匹敌。"

的确如此,这两个人巧妙地利用了华盛顿当时的金融紧缩政策,在股票市场中翻云覆雨,一手遮天,让许多人破了产。不仅古特温对此极为愤怒,就是包括摩根的父亲在内的财经界大亨对此也是束手无策,摩根对此知道得很清楚。

摩根对表兄说道:"现在这两个人又联手与凡德华尔特为敌,争夺萨斯科哈那铁路……看来后者根本不是对手!"

"是啊!"古特温推测,"萨斯科哈那地方铁路估计要如同可怜的小青蛙一样,被顾尔德和费斯克这两条大蛇尽情玩弄,然后被一口吞掉。"

古特温继续地谈论着他所听到的消息:"萨斯科哈那这种小公司哪里是顾尔德的对手!他俩要用计谋,居然买通了纽约州法院的两位法官,实在是恶毒之极!"

"你所说的那两位法官的名字叫巴纳德和卡尔德森吧?"

"怎么?你也知道!看来你的消息也很灵通嘛!"

"据说萨斯科哈那铁路半数的股份已经落入了顾尔德手中。"看来摩根也十分关注事态的进展。

古特温问道:"不是说顾尔德所持有的股份已经超过半数了吗?"

"不，这是他们的惯用伎俩。据说他们已经大量印制了虚增的公司交换债券，此后他们肯定又利用法院干预萨斯科哈那的股东大会。这样几经周折，铁路就一定会落到顾尔德手中。"

果然不出摩根所料，就在萨斯科哈那铁路股东大会召开前夕，根据纽约州法院的判决，萨斯科哈那铁路总裁拉姆杰被强行解除了职务，这显然是顾尔德贿赂的结果。

顾尔德和同伙费斯克在铁路争夺战中用贿赂加武力的办法暂时获得了胜利，并迫使凡德华尔特退出了竞争。正当顾尔德和他的同伙们认为萨斯科哈那铁路就要成为他们囊中之物时，此后的一件事却砸碎了他们的如意算盘，并意外地把摩根牵扯了进来，正好给了他进入这个行业的机会。

那位被解除了职务的拉姆杰不甘心就这么成了牺牲品，于是他找到了前纽约州州长艾德·摩根。

"让我的堂弟摩根来帮你吧，以他的才干，来办这件事再合适不过了。"艾德把他那位年轻的银行家堂弟推荐给了拉姆杰。

摩根详细向拉姆杰了解了伊利铁路事件的前因后果，对于许多不知道的内情还做了一份摘要，然后对拉姆杰说："我研究一下这些材料，过两天一定给您答复。"

两天之后，摩根已经成竹在胸了，他对拉姆杰说："我觉得，我们还是和那帮混账家伙法庭上见吧，我一定鼎力相助。"

"那一切就拜托在您身上了！"拉姆杰心存感激，但对于这个年轻人能否打败那些并不愚蠢的恶棍还是有些怀疑。

"但是，"摩根提出了他的条件，"我希望你能雇用我的岳父崔西律师和他的助手韩特律师做法律顾问。"

"这绝对没问题！事成之后，作为报酬，我还将发行新股，把您以及两位律师都列入股东之列。"

为了使州法院推翻原判决令，摩根提出了一份几乎无懈可击的上诉状。当时的州法院因为主审法官的更换而不断地推翻原判决是常有的事，经过一番较量，法院终于撤销了停止拉姆杰职务的命令。

拉姆杰取得了初步的胜利，下一步便是铁路股东大会上的争夺了。摩根为此做了充分准备。在大会召开的前两天，他就让韩特律师赶到奥尔巴尼，做好充分准备。

大会召开前一天，他又和崔西律师也赶到了那里，整整一天中，三人都在商讨大会上可能遇到的紧急情况以及应对策略等。

崔西律师说："我看顾尔德和费斯克又会使出惯用伎俩，在大会上以武力相威胁，我们有必要准备好对付他们的措施。"

"是得考虑一个周密的计划。"摩根觉得这建议很好。经过长时间的讨论，他们终于想出了对策。

股东大会召开的那一天，摩根、崔西、韩特、拉姆杰一行4人匆匆赶往大会会场。

费斯克的马车已经先他们一步到达了，许多全副武装的侍卫前呼后拥，弄得会场充满了火药味。

就在这时，戏剧性的事情发生了，一群早已埋伏在此，身着灰色制服的奥尔巴尼郡的警察在警察局局长的指挥下，一拥而上，将费斯克逮捕。接着，立刻把他押上马车，挥鞭扬长而去。

"好极了！"韩特兴奋地叫起来。

由于费斯克的被捕，顾尔德的计划一下子瓦解了。

股东大会的结果，拉姆杰继续担任总裁职务，并选出摩根为副总裁。摩根等人大获全胜。其实，那场逮捕的好戏，完全是由摩根策划、导演的,所谓的"警察局局长"、"警察们"当然也是临时雇来的。

就这样,摩根取得萨斯科哈那铁路的副总裁职务,其在公司的实际地位已超过了拉姆杰。于是,从此时起,萨斯科哈那铁路经营发展大权掌握在了他的手里。

股东大会之后,握有实权的摩根竟又做出了一个非常举动:立即将萨斯科哈那铁路租给了特拉华·哈得逊运河公司——顾尔德的伊利铁路的后台老板!年利率为7%,而租期长达99年!

虽然大家不知道摩根的用意,但第一次接触铁路业就大获全胜的摩根,在华尔街获得了高度评价,由此人们也了解了摩根在做事上的策略与手腕。

《美国人物志》是这样评价摩根的:

> 摩根作为一个企业统治者,同当代最具有实力、拥有各种武器的金融资本家对抗,他获得了胜利,由此为他奠定了纵横于企业大舞台的基础,也开拓了他自己的人生。

就在摩根开始在华尔街崭露头角时,1869年,他父亲的合伙人皮鲍狄走完人生路,吉诺斯继承他的衣钵,将乔治·皮鲍狄公司更名为摩根公司,为摩根以后在美国大展拳脚提供了财务上的保证。

承购法国国债

1870年，是美国南北战争结束后的第五年，美国由于统一后国内再没发生过战争，所以经济得到了快速发展。

而此时的欧洲却是战火纷飞。9月2日，普法战争中普鲁士军队在色当打败并俘获了拿破仑三世及麦克马洪元帅。

当巴黎市民知道拿破仑三世投降的消息后，立即发布了共和宣言，拥戴反拿破仑的议员团组成以资产阶级为主体的共和政府。然而，法军继色当惨败之后，又在梅兹被普军打败，帕杰诺元帅被俘，消息传到普军围攻下的巴黎时，无产阶级和小市民纷纷自发地拿起武器起来抵抗。

但是曾经大喊要同普军奋战到底的共和政府，却背信弃义，同普军和解，镇压民众的反抗，而且在凡尔赛宫与普军签订了停战协定。群情激昂的巴黎市民1871年3月攻入凡尔赛宫，并成立了世界上第一个无产阶级专政政府——巴黎公社。

5月，巴黎公社失败，欧洲政局又陷入一片混乱。

不久，在法国西部加伦河畔的波尔多成立的临时政府首脑梯也尔给吉诺斯·摩根发了好几封紧急电报，让他赶到托尔城会面，越快越好。

梯也尔的密使在一家相当简朴的饭店内会见了匆匆赶到托尔城的摩根。

"真是过意不去，让您远道来到这里。"首先，密使表示了歉意。

"不必客气，我和贵国一向关系很好，拿破仑三世被俘，我也感到很难过，不过，现在资产阶级临时政府已成立，应该能大有作为。"

"令人觉得遗憾的是，皮鲍狄先生一年前竟然过世了。"密使说道。

在密使对皮鲍狄先生之死表示惋惜之后，吉诺斯随即问道："贵国到底要发多少国债？"

"和俾斯麦虽然已经和谈，但要想法国从这次战败中复兴，而且社会主义及劳工的暴乱也需要镇压，不发行大量的国债是不行的。"

"我支持共和主义，而美国也应该是共和主义的支持者。"吉诺斯打断密使的话。

"谢谢！"密使说，"您觉得发行多少合适？"密使十分急切地想要听听这位美国银行家的意见，并希望他能组织承销。法国临时政府知道，皮鲍狄和吉诺斯的金融公司在买卖承销国债方面的信誉和实力以及渠道没人能比得上。

"这？您觉得2.5亿法郎怎么样？"吉诺斯说。

"2.5亿法郎？大约合5000万美元，确实是一笔不小的数目，但有什么条件呢？"密使立刻换上一副恭敬的表情，"您愿意提什么样的条件呢?"这个问题,吉诺斯没有立刻回答,他沉思了一下,问道:"这件事,您是否同罗斯查尔及哈林男爵提过?"密使摇头否定。

"巴黎的罗斯查尔银行及伦敦的来欧尼尔·罗斯查尔男爵都不行?"吉诺斯问道。

"不行。"密使仍然摇头。

金融世家罗斯查尔五兄弟的关系企业遍布伦敦、巴黎、法兰克福、维也纳、佛罗伦萨五大都市,哥哥贷款给俾斯麦,弟弟贷款给拿破仑三世,就是维也纳的罗斯查尔还借款给奥地利梅特涅政府,他们唯独对法国的资产阶级临时政府冷眼看待,这是为什么呢?吉诺斯·摩根想到这里,突然斗志高昂起来:"我倒想试试罗斯查尔兄弟做不到的事!"

美国独立100来年,这是第一次给位于旧大陆的政府贷款。"条件是年利率6%,发行指数为票面的85点。"密使点头道谢:"就这么决定了!"

"年利率6%虽然不高,但如果85点的票面指数顺利,甚至100点也可以卖到。"吉诺斯心想。

虽然有可能赚到票面的15%,但这是在美国国民对法国临时政府有信心的情况下。除美国之外,吉诺斯还打算把这些国债销售到法国移民最多的加拿大去。

吉诺斯在伦敦宣布承购法国国债的消息传到摩根那里时,他大吃一惊,他很快就收到了父亲的电报:

> 希望在美国能把这5000万美元的国债的一半消化掉,但是由你一个人承担这么大的一笔数目可能负担过重。因

此我想了一个新办法，就是成立企业联合体"辛迪加"，也就是把华尔街的所有大规模投资金融公司集合起来，成立一个国债承担组织。

"这可能吗？"摩根内心虽然强烈地怀疑和反对，但是他是一向钦佩父亲的见地和谋略，并且义无反顾地支持父亲的决定。

就连摩根也是第一次听到企业联合这个名词，简而言之，就是由各金融机构分摊风险，来消化掉这5000万美元的法国国债。通过承购的金融机构，把国债广泛地分摊到一般投资家身上的这种消化国债的方式，在当时确实是一个大胆而且创新的构想。

果不其然，辛迪加"联合募购"计划，在英国当地首先受到舆论界的抨击。

《伦敦经济报》这样评论："皮鲍狄的接班人、发迹于美国的投资家承购法国政府的国债。承购者想出了所谓'联合募购'的方法来消化这些国债，并声称这种方式能将风险透过参与'联合募购'的多数投资金融家而分散给一般大众，而不再像以往那样集中于某大投资者个人。

乍一看来，似乎因分散而降低了危险性，但如果经济恐慌一旦发生时，其引起的不良反应就快速扩张，有如排山倒海之势，反而使投资的危险性增加。"

或许是当初拒绝承购这笔国债的罗斯查尔刻意安排了这个评论，但是，在纽约的华尔街也出现了同样的反应，摩根也遭到了舆论强烈的抨击。

摩根的34岁生日快要到了，他能否顺利地成立所谓的"联合募购组织"，把巨额的法国国债消化掉，许多人在等着看热闹。

此时，公司内部也发生了严重分歧，摩根的表兄古特温继达布尼提出辞呈后，也以父亲病重为由，欲离开公司返回哈特福德，因而达布尼—摩根商行宣告解散，摩根进行结算后，给每人分了50万美元。

虽然是和平散伙，但这无疑给摩根背负的巨大精神压力又增加了重量，摩根四处奔波游说，但效果并不明显，许多人担心法国国内动荡的局势会使自己的投资打水漂，所以并不热心此事。

"这回他要摔个大跟头了。"

"哈哈，看他怎么办。"

一时间，幸灾乐祸的人越来越多。

"亲爱的，你再多吃点儿吧！"摩根夫人弗朗西斯劝着摩根。

"吃不下了。"摩根感觉这段时间很疲乏，胃口也一直不好，而且还经常失眠。

就在公司解散后不久，一天上午，摩根突然收到了一封特别的电报："迫切地想面见您，务必请屈驾光临。安东尼·德雷克歇。"德雷克歇是费城有名的投资金融家，摩根当然没有理由拒绝这样的邀请。

从奥地利移民到美国的德雷克歇的父亲，同墨西哥和中美洲各国的野猫银行，即联邦及州政府不认可的地下钱庄或高利贷者有来往，进行汇兑交易，他后来在费城定居，成为那里仅次于靠发行战争债起家的大银行家杰伊·科克的富豪。

在华尔街，德雷克歇商行也是无人不知、无人不晓的。给摩根打电报要求见面的安东尼·德雷克歇，从13岁起就开始在父亲经营的金融公司帮忙。

安东尼受到父亲严格的斯巴达式教育，在未满20岁时，他就曾被命令用那种驿站马车从费城到新奥尔良运送金块，其间要走长达约2000千米的路程。

1863年，在他的父亲去世后，安东尼继承了公司。南北战争后，铁路、采矿、工厂等百废待兴，各项工业蓬勃发展，尤其是费城所在的宾夕法尼亚州，各种建筑更如雨后春笋，而此时的德雷克歇商行也迅速成长起来，先后在纽约、伦敦、巴黎等地建立了分行。

安东尼在办公室接待了摩根，并直截了当地向摩根解释了会面的理由，"我觉得您用'联合募购'的方式来处理法国国债相当高明，因此想和您共同在华尔街经营，不知意下如何？"

有实力的投资家加入，正是摩根求之不得的，"一切听您的意见。"压抑着内心激动的摩根对比他大9岁的安东尼表现出了充分的尊重。

当天晚上，摩根受到安东尼的邀请到他的豪宅共进晚餐。当安东尼拿出波尔多产的白葡萄酒刚要斟满酒杯时，摩根说："最近身体状况不太好，有些头昏眼花，还偏头痛。还是少喝酒为妙。因为想缓解紧张的情绪，有时干脆都不想工作了。"

安东尼加入"联合募购组织"的消息立刻传遍了包括华尔街在内的金融界，在他的带动下，各地的银行家和各种投资家趋之若鹜，纷纷加盟。5000万美元的法国国债很快销售一空，这不光让摩根收益颇丰，也更加提升了他在投资界的名气。

法国国债承销完成后，摩根一直紧张着的精神才完全放松下来，但是睡眠还是不太好。他去医院检查，医生给出的结论是："劳累过度引起神经紧张。"

弗朗西斯看到丈夫这种情况，于是提出了去欧洲旅行的建议。

"是啊,也该休息休息了。"摩根同意了。

带着孩子的摩根夫妇搭乘轮船来到利物浦,再转道伦敦。摩根到达伦敦之后,每天早晨起来,在宁静祥和的氛围中散步、骑马,这让他心情舒畅了许多。

摩根在身体状况逐渐恢复正常之后,又动身前往巴黎。此时正值巴黎公社暴动时期,数以万计的巴黎市民和工人在各条主要街道上高举标语,不断地呐喊示威,街垒和大炮随处可见。

"巴黎整个乱糟糟的,恐怕会再次引起神经紧张。"于是摩根来到了阿尔卑斯的因斯布鲁克。

一天,摩根在当地的饭店里偶然结识了一位美国将军。他在这位将军的鼓舞之下,下决心挑战了白雪皑皑的阿尔卑斯山。

然后,他又到萨尔斯堡和维也纳游了个遍。他伫立在维也纳街头,发现与他留学时代来访的时候相比,这座古都已经改变了许多,奢华的珠宝店和服饰店取代了旧时的穿着制服的军人来来往往的景象。

摩根离开了维也纳,又来到慕尼黑,这里古意盎然,无论是音乐会还是餐厅,都十分正统,弗朗西斯和孩子也玩得十分尽兴,接着,他们又前往罗马、埃及。

对摩根来说,这是他一生中最美好的一段时光。

参与反垄断之战

摩根在欧洲的旅行历时一年之久,他愉快地回到了美国。

安东尼在费城为摩根接风洗尘,他似乎已经等了很久,和摩根一见面,安东尼就迫不及待地告诉摩根:"我已经把骰子丢下去了!我们马上就要向杰伊·科克开战了!"

摩根有些怀疑自己听错了:"要和杰伊·科克开战?"

安东尼神情十分坚定地说:"是的!"他肯定地点了点头。

"到底是怎么回事?"

"是这么回事儿。"安东尼一边品尝着摩根从欧洲带回来的白兰地,一边把事情的原委告知摩根。

1865年,副总统安德鲁·约翰逊在美国第十六任总统林肯被暗杀之后,继任总统。安德鲁·约翰逊出生在南方的田纳西州,由于他以过于宽容的方式去处理南方战后问题,而引起激进派共和党对他的攻击,美国历史上的第一个弹劾总统案就是由他们提出来的,但是后来,约翰逊竟以一票之差而逃过了此劫,不过,在1868年的总统竞选中,他却因此而败给了格兰特。

后来，格兰特再次竞选总统并成功连任，但是由于他同顾尔德合作的计划的失败，导致所谓"黑色星期五"事件爆发。之后，有许多政府官员牵涉在内的贪污渎职的内幕也被各家大报趁机揭发出来。不仅财政部长鲍威尔特，就连副总统柯尔发克斯家族也被牵连进去，被列入黑名单中。

由《纽约前锋报》发起的这一连串揭发内幕的行动，使其总编辑葛雷被推举为民主党的总统候选人。

但葛雷仅获得密苏里、肯塔基、马里兰等南北分界处的几个州的支持，他由于承受不了压力，在还没有完成开票的时候，就去世了。

"格兰特在这一次的选举中依旧信口开河，发表了华而不实的一些政见。在这些政见背后，我看可能需要很大一笔的预算。"从欧洲旅游归来的摩根依旧发挥他异常敏锐的直觉，"大概又要发行国债了吧！"

"格兰特好像有意收回这些纸币，那是南北战争时发行的，然后重新发行一些新的国债。"摩根猛地摇了摇头："啊！这？"对于总统的做法，他不敢苟同。

摩根停顿了一下，好像恍然大悟了似的接着说："我弄清楚了，杰伊·科克，这个南北战争中的债券的胜利者，恐怕又要粉墨登场扮演重要的角色了！"

"我说的战争就又要开始了，就是因为这个呀！呵呵。"安东尼显然对这场战争没有什么信心，他笑得十分勉强，说："格兰特总统正在受到杰伊·科克的大力笼络呢！"

摩根下了结论："用回收不能兑换正币的纸币为借口，他们要重新发行新的国债。"

"您一语就道破了，确实如此！"安东尼钦佩地说。

杰伊·科克现今50岁，在南北战争时，他受林肯政府的财政部长乔伊斯的请求，独家经营战争中的债券。他现在用收回纸币可能引起通货膨胀作为理由，要求格兰特政府发行新的国债，对于这项业务，杰伊·科克企图独占的野心是相当明显的。

"杰伊·科克在南北战争中，曾经全力配合北方军作战，协助过财政部长乔伊斯，也许由于格兰特总统曾经是北方军元帅的缘故，对于他的要求，是不得不给面子的。"安东尼说道。

"林肯政府在南北战争的时候发行的战争债券高达3亿美元，而且其中的60%是由杰伊·科克销售出去的。当杰伊·科克接受乔伊斯的委托，进入费城企业界游说时，也只有皮鲍狄先生表示支持。"安东尼接着说。

"其他人则由于北军为了抵制英国货物而苛征极高的关税，而南军的棉花又为当地纺织业所依赖，因而暗地里都更希望南军取得胜利，比如罗斯查尔男爵、哈林男爵、英国政府及巴黎的财经界等对于科克的请求并不十分积极。"

摩根把溜到嘴边的话"我当初就是以南方军作为赌注，买入黄金的"又咽了回去。

"具有讽刺意味的是，科克对于英国的金融界不予理睬，而实际上他的最大的主顾却是美国境内的德国移民，而且，这些德国的移民差不多都集中在美国北部。在南北战争期间，他们特别需要从旧大陆进口工业产品，因此，他们很希望工业革命在美国进行。他们还都很支持科克在费城进行的推销年利率6%、65点的战争债券的活动。"

"哦。"摩根第一次得知这些内幕，听得入神了。"杰伊·科克即使在战争前夕,也向许多德裔犹太人推销了不少国家债券。"

"在美国,我父亲最近成立'联合募购组织',德国人并不支持法国的国债推销。"摩根苦笑着说。

"目前,德裔美国人掌握在手里的黄金,都集中在法兰克福,所以说,这很具有讽刺意味。"

"那就是罗斯查尔家族在法兰克福的银行喽!"

"是的,杰伊·科克成了罗斯查尔银行的国际企业联合组织的成员,而贝尔蒙特则是伦敦的罗斯查尔男爵在纽约的代表。"

"我和他见过一次面,对他知道一些,他是伊利海战中的英雄人物,娶了贝尔利总督的女儿做妻子,而且他还是个才华相当出众的人。"

"伦敦的罗斯查尔男爵在纽约的代表贝尔蒙特,由于他的岳父是一个总督,因而华盛顿的政府或者议会当局,不能不多少给一些面子。因此,杰伊·科克和罗斯查尔男爵此次联手的消息也确有其事。"

"预计这一次要发行多少国债?"摩根问。

"这一次要发行年利率为6%的国债3亿美元。"

虽然摩根对来龙去脉已经了然于胸,不过,他知道安东尼还会把他牵扯进来,所以他静静地等待着安东尼接下去还要说的话。

"如今既然科克已经和德裔的犹太财团联手,我们这里也必须采取对策。我想扩大您父亲建立的'联合募购组织',您觉得怎么样?"

安东尼在跟摩根联手后,不仅给了摩根长达一年的休假时间,还扩建了新办公大楼,他所做的这一切都是为了把摩根父子笼络到其麾下,以期利用他们父子二人成立的美、英、法国际"联合募购组织"，来与费城金融界的头号人物杰伊·科克相抗衡。

摩根把话题岔开了，他说："在北太平洋铁路，科克也做了大笔的投资。"

"确实。"

"顾尔德也把伊利铁路舍弃了，把目标指向北太平洋铁路！"

有一项横贯大陆的铁路法案在南北战争期间被通过了。此项计划中有一条就是摩根所提到的北太平洋铁路工程计划。根据这项计划，这条铁路从明尼苏达州的苏必利尔湖起，直至华盛顿州的太平洋沿岸，其间横越落基山脉。

按照议会通过的法律的规定，兴建这条铁路的时候，建筑铁路沿线的1900公顷土地必须要付给补助金，但是由于受到南北战争的影响，建设补助金的现款一直没有办法凑齐，以至于延迟了5年才破土动工。而到了1869年，有人为了搞投机，竟然在明尼苏达州的沿线土地开发上，投下了巨额的资金。

摩根经过调查，他发现这竟然是科克的杰作。原来，新闻界被科克买通了，因而他们运用夸张的报道和广告让沿线土地的魅力不断得到强化，以及美国西北部华盛顿及俄勒冈两个州在未来开发土地的潜力，由于新闻界这样卖力地叫嚷，以致出了这样的调侃："剥了皮就知道熟不熟！"

"听说杰伊·科克想要推出一亿美元的铁路债券！"像这样的传言，摩根也曾经听到过。

1870年，北太平洋铁路开始兴建了。

整个铁路工程，在杰伊·科克向德国推出铁路债券的时候，也像应付似的，从起点明尼苏达州苏必利尔湖西侧的明尼阿波利斯市开始动工了。

此外，在西邻明尼苏达州的北达科他州境内的密苏里河水源地附近，科克还计划兴建一座以德国首相俾斯麦的名字来命名的城市。

"听说已经开始兴建俾斯麦城了！"

摩根带着一脸怀疑的表情："科克真的能完成这项巨大的工程吗？我可没有一点把握，我想这大概只是宣传而已！"

"他发行的债券金额，不管怎么说，也高达1亿美元。"

"我们承购的法国国债虽然销售得很成功，但对于战争之后的德国来说，别说1亿美元，就是500万美元，恐怕也没办法消化。"

"我看科克自己大概得投资500万美元。您说呢？"

"您指的是北太平洋铁路吗？"

"是的，铁路可是个用钱的地方啊！"安东尼对科克的失败表示了期待。

摩根接着说道："听说，当地的印第安人不同意撤离，还组织了战斗队，打算抵制兴建铁路。"

"那么，您的意见，派遣讨伐印第安人的队伍，格兰特政权是否有这份余力？"

"这要取决于这一次发行新国债的成果呀！"

"这件事，您是否决定了呢？您觉得怎么样？"

"我要和我父亲好好商量一下，我尽快给伦敦的父亲发电报。"

"去干吧！"这是来自伦敦的对摩根的答复。

囊括了纽约、伦敦、巴黎的"联合募购组织"现在加入了安东尼的德雷克歇银行，其势力更加庞大了，格兰特政府本想让杰伊·科克独自承购国债，这个时候，也不得不再度考虑了。

安东尼提出了"年利率6%，票面100点，承购3亿美元"的优厚条件，来阻挠科克独家承购的计划。

"德雷克歇的战略计划相当合理，因为他提出的是以面额承购，而且只是以手续费销售。"

《大众休闲报》是德雷克歇家族在费城的后盾，这家报纸首先同科克展开新闻战，炮轰科克。

杰伊·科克也拥有庞大的通信网络，当然，他不甘示弱。科克的通信网是当初承购南北战争债券时成立的，这也是当时科克的整个战略组织的一个环节。多达1500家的新闻机构加入了他的通信网，科克从它所造成的巨大舆论声势中获得了莫大的好处。科克的这个通信网开始了还击：

"摩根'联合募购组织'是为战败国法国做嫁衣裳，这就像寄生虫一样，政府应该把新发行的国债直接销售给人民，而不应该把这个'募购组织'作为媒介。"科克装聋作哑，根本就没提他自己在南北战争中曾经因销售战争债券而发家的事。

1873年1月底，惧于各方压力，政府不得不拿出一套折中方案：杰伊·科克和摩根"联合募购组织"共同发售3亿美元利率为5%的债券，发行量均分，各1.5亿美元。这样，年仅35岁的摩根与总统、财政部长以及这个国家最重要的银行家直接对话，并为自己争取到发售联邦政府公债资格，将杰伊·科克拉下政府债券主承销的神坛，成为华尔街令人瞩目的青年才俊。

1873年9月，在纽约的华尔街，相继有两家大投资金融公司倒闭了。

其中的一个属于伊利铁路的早期的收购者德尔，另一个属于杰伊·科克。由于他们没办法消化掉北太平洋铁路的巨额债券，最终导致了破产。科克自己还由于对北太平洋铁路的过度投资不能收回,而终于越陷越深,不可挽救。

杰伊·科克,这个费城票子街及纽约华尔街的投资金融界的头号人物一倒下,马上在华尔街引发了一场经济恐慌,多达40家的大公司在费城及华尔街因受到牵连而倒闭。

安东尼感慨地长叹:"科克和德尔的破产,是不是意味着时代的交替。"摩根站在一旁,默然点头,表示同感。

"目前,以往的投资方法已经过时了,这个时代迫切需要新的投资战略!"摩根对将来发表了展望,而安东尼的心思却不能离开现实。

"解除黄金买卖的禁令,是时代发展的必然趋势。"

"对于欧洲的投资家的看法,家父在来信中也曾提道:'经济混乱虽然发生了,但是,在本质上,美国仍具潜力,在美元上可以作更大的投资,但是,如果不解除类似于纸币的问题,恐怕就会……'"摩根也回到现实的问题上来。

"对格兰特总统是否要施加点压力?"

"这就要靠我们投资银行家继续加强实力,以后的美国政治,应该是资本家的政治!美国的政治绝不能委托给这样的政治家,让他们掌握美国政治!"

安东尼兴致盎然地问道:"哦?怎么这样说呢?"

摩根悠然自得地吐着烟圈儿,说:"华尔街真正需要的是发展产业,而不是像科克或者德尔那样以操纵股市赚钱为目的的投机家。"

控股中央铁路

在南北战争期间，停止了正币的兑换，以此来使流通的俗称美钞的纸币降低价值，停止兑换的正币，战后也没有恢复使用。

从接踵而来的经济混乱中，生产事业方面由于产业革命的影响虽然显得生气勃勃，但是，由于货币政策的失败，生产事业逐渐陷入了物价上涨的不景气中。所谓"纸币通货膨胀"指的就是这种逐渐形成的长期不景气。

格兰特总统发行国债是为了收回纸币，但是，众所周知，国库空虚是实实在在的事实，因此，国债缺乏保证，也很少有人问津，这加剧了通货膨胀的严重性。

那些由于发行纸币而导致了通货膨胀，并从中获得利益的人，希望继续发行纸币，这种人也不在少数，包括移居到西部及中西部开创新的天地的移民，还有南方的移民。北部和东部的工矿企业的从业人员由于不论通货膨胀达到多么严重的情形，仍然必须使用商品而必须购买商品，这样的供求关系又使商品的价格直线上升。而且，土地的担保价格也意外地提高了。

在华盛顿，农民利益代表团的议员组成了"绿背票党"，他们声称"解决不景气的最好办法是通货膨胀"，把东部的劳动者煽动起来制造暴动，这个党有许多农民加入，更加高涨了"继续发行纸币"的呼声。

对于新党的要求，格兰特总统不但不理会，相反，在1875年，还制定并颁布了《正币兑换复原法》，使兑换正币合法化，希望以此使物价保持稳定。但是，在实际上，同南北战争时代相比，上涨幅度已经达到原来的两倍的物价却依旧居高不下，复原法也只是徒有虚名！

1873年起，经济恐慌由于杰伊·科克和德尔相继破产而爆发之后，摩根就静静地观察演变着的时势，而不敢轻举妄动。摩根不仅聪明而且谨小慎微，就是他的经济合伙人安东尼·德雷克歇也是个保守派，尤其对于时势的变迁敏感，他们都在等待成熟的时机到来！

杰伊·科克破产后的第五年，也就是1878年，美国第十九任总统海斯任命夏曼为财政部长，因为夏曼是正币复原论的拥护者之一。摩根和安东尼耐心等待的机会终于姗姗而来了。

"我已经见过夏曼了，他打算发行5000万美元有国库金币保证的新国债，这5000万美元作为恢复兑换正币的序幕，他问我们是否愿意帮忙？"

"怎么算利息呢？"

"4%至4.5%，虽然利息低，但有保障。"对此，安东尼十分动心，摩根也给伦敦发电报询问父亲。

老摩根复电表示赞同："同意你和德雷克歇建立企业联盟，承购夏曼的国债。"

这5000万美元的国债，摩根本人也相当希望承购。他心里暗自窃喜着，能够有所助益于财政部长夏曼恢复正币兑换的冒险行动，而对于已经能够对政府的财政政策施加影响，他更是有些自负。

对于夏曼实施的财政政策，除了罗斯查尔以外，伦敦、巴黎的金融界都并不十分支持，有些人甚至于从纽约买回黄金，这些手段的实施直接威胁到正币兑换复原的实施。

夏曼只好与摩根合作，谋求对策。在伦敦，他们实行的年利率4%，总数2500万美元的国债被消化掉了，然后，黄金就由美国财政当局吸收回去。

1879年1月2日，"德雷克歇—摩根商行"新的办公大厦在纽约华尔街竣工了，这座用石砌的建筑共7层，宏伟而又十分壮观，在来自纽约湾的强烈的寒风吹袭下，大楼门前的星条旗"噼噼啪啪"作响，更加显示出了大楼主人的气势非凡。

摩根度完年假，刚刚回到公司上班，马上就从电报中得知了好消息："成功了！财政部长夏曼的兑换正币政策终于获得成功了！"摩根和他的智囊们无不兴奋异常，纷纷举杯畅饮。

这个时候已近42岁的摩根似乎仍旧不满足于现状，他时常提醒自己："我应当加劲干了！父亲和皮鲍狄先生在我这年龄的时候，都已经作出相当辉煌的成就了。"

实际上，摩根到这时已经获得了令人羡慕的成就，在麦迪逊街219号，他不但买下了造价昂贵的一栋豪华住宅，同时，在哈得逊河上游左岸的克拉格颂村，他还拥有一个快艇港口，占地800公顷；另外，他还买下了一栋大别墅，别墅附有长方形的网球场，与隔着哈得逊河的洛克菲勒的别墅遥遥相对，而且，西点军校所在地的"商地"丘陵就在别墅后面。

摩根在别墅里边养了4只漂亮的牧羊犬，还养了两匹马，分别命名为"黛"和"玛格丽特"，都产在肯塔基。

在假日里，摩根就驾着马车，带领家人到村中的教会去。此时，摩根把络腮胡子刮得干干净净，长在下颚的胡子也刮掉了，只是把上唇的八字胡须修得整整齐齐，胡子的末梢有些弯曲，这把他的坚定的意志显示了出来。

摩根可以说是过着十分充实的生活，但是，6年前杰伊·科克破产的时候，他和安东尼的约定，他还没有忘记。

"像侵略那种模式的投机，是绝不能从事的，希望能够在华尔街坐镇指挥，成为全美国企业的领导者。"摩根在这年度的开始，再度回忆起这句自我勉励的话。

一年前已经去世的马希·兹德是垄断纽约市政和州政的塔尼·赫尔派的头号政治人物。塔尼·赫尔派的政治团体是由特拉华的印第安酋长组织的，当初在头号人物兹德的率领下，可说无恶不作，贪污、贿赂、渎职无所不为。现在，兹德过世了，赫尔派势力削弱，就连同兹德有密切关系的顾尔德也大不如前了。

"据说，顾尔德已经把伊利铁路的股份卖掉了，把他的事业的重心迁移到美国的西部，不知道这样的传言是真还是假？"摩根喃喃地自问自答，他习惯性地把雪茄点燃，回忆起惨烈的萨斯科哈那铁路战争和"黑色星期五"事件。

室内的大桌子是橡木做的，对面是暖炉，用白银装饰的天花板、厚实的书柜等家具塑造出一种稳重的气氛，可是，挂在墙壁上的油画却和整个房间的格调十分不协调，摩根环视着办公室，毫无理由地想起那个有大胡子的顾尔德……

1879年，新年伊始的一天，秘书进来，打断了摩根的思路：

"威廉·凡德华尔特先生想见您,说来给您拜年。"

威廉·凡德华尔特是那位美国首屈一指的铁路业巨子老凡德华尔特的长子,他的父亲以83岁的高龄在两年前去世后,把一笔巨额财富留给了他。摩根对于这位寿终正寝的企业家老凡德华尔特,一直怀有一种亲切感。

威廉·凡德华尔特比摩根年长16岁,他把父亲的产业继承下来,接管了纽约的中央铁路,并持有其75%的股权。

"真是不敢当啊,您远道而来给我拜年。"对于这位长辈,摩根表示了敬意。

威廉用同样诚恳和热情的态度回答道:"不必客气!不必客气!"铁路事业的继承者威廉和他出身于船老大的亡父,不论在个性上,还是在外表上都截然不同。父亲白手起家,坚毅而严肃,而威廉则显得虚弱一些,好像身体不大好。在继承父亲的产业之前,威廉一直在斯达汀岛从事农业耕作,一般人对他产生了这样的印象,就是"不爱铁路爱骑马"。

"不知您注意到新闻媒介对纽约中央铁路贪图暴利进行大肆攻击的消息没有?"

"嗯……"这些消息,摩根当然早就得知了,但他等威廉接着向下说。

"州政府企图把中央铁路打垮,向人民苛征不合理的州税。"
"哦?!"摩根听说这些话,有些愕然,把头偏过去吐了一口烟。

"真让人头疼,实际上,我真的没什么事业心!"威廉显出一脸厌倦的表情。

聊了一会儿,威廉起身要走,他们约定,当天晚上摩根到第五街的凡德华尔特寓所与威廉一起共进晚餐。

凡德华尔特不愧是铁路巨子，他的住宅果然豪华而又富丽堂皇。圆柱用的是意大利出产的大理石，地板也是大理石做的，上面铺的是昂贵的波斯地毯，墙上挂的是从欧洲买回来的名画，价值连城、雕刻精细的银制餐具也摆放在餐桌上。

当天晚上，威廉和摩根共同享用了一顿丰盛精美的晚餐，细嫩的小牛里脊肉，香而醇的美酒，还有鱼子酱、大龙虾……

"纽约中央铁路的股份，我想把它开放了！"威廉将自己打算出售纽约中央铁路股份的想法告诉了摩根。

"啊！"听了这话，摩根大惊，甚至于失声喊了出来，尽管他心里提醒自己万万不可失态。

"父亲的遗产由我继承了，因而有人讥讽我为章鱼、蟒蛇，股份如果开放了，我就不会是责难批评的箭头的唯一目标了吧？"

"这种方式是对，那么，您打算把多少股份让出来呢？"

"35万股。"

摩根又大吃一惊，身体往前探了一下，不过，他很快恢复常态，他端起酒杯，靠在了椅背上，呷了一口，又问道："每股要以多少点出让呢？"

"嗯……大约是在120点至130点之间。"

"这样有点……"

"您是不是觉得太贵了？"

"恕我冒昧，目前，纽约中央铁路的时价差不多是在115点上下。"摩根心里想，跟底价相差一些应该是没有问题的吧！他生怕估得太低了，在一怒之下，威廉会打消出让股份的主意。摩根知道，这是跻身铁路业的最佳时机。

为了稳定威廉的情绪，摩根用他习惯的口吻提醒威廉说："出让35万股的事情,一定要严守秘密,否则,一走漏消息,价格马上就会跌下来的!"

"这我明白,所以我才麻烦您到我这儿来一趟商量呀!"

"噢,我知道了,您看就由我父亲负责在伦敦销售,怎么样?"

"不会走漏消息吧?"

"消息是不可能走漏的!我打算通过我和我父亲的一流的'联合募购组织'网络,尽快把您出让的股票销售到小额买主手中。"

"那太好了,如此说来,您愿意承购这些股票了?"

摩根把腰杆挺直,把坐姿也调整一下,皮制的椅子"嘎嘎"作响。他答道:"是的,但是,是有条件的。"

摩根也上了年纪,稀疏的头发,越来越多的皱纹,心中由于隐藏着坚定的意志,他的表情显得十分严肃,看起来有些让人害怕。

凡德华尔特问道:"条件?什么条件?"

"第一个条件是,必须能在5年内保证我享有8%的股票红利!"

"这可以,没有什么问题,除了和宾夕法尼亚铁路分占业界鳌头之外,我的铁路业绩也都非常优异,红利一定能够分到。"

"第二个条件,无论把股票卖给谁,我都希望能把一份公司管理人员的空白委托状交给我。"摩根挺直了背脊,犹如在脊柱中插进了一根铁棒子似的。

"这?为了能够让这些占股份一半以下的股票持有者平安无事,而且,借助您的智慧,也是我所希望的,您的要求我答应。"

"那好吧,就这样办!"

纽约中央铁路的股票由伦敦摩根父亲的摩根商行销售。股票以119点开价,但立刻就暴涨至132点,没过多久,又升至135点,摩根在这次交易中赚取了300万美元。

对于约定，摩根完全遵守，这一次的交易，没有泄露给任何人，不论是一般大众，也不管是企业界。除了国债之外，这次私人企业股票交易是有史以来的最大的一次，同时，美国铁路股票，以个人交涉方式达成的秘密交易，这也是首次。

摩根和威廉·凡德华尔特在这一次的交易中双方协定的条件，也给英美两国开了股票交易的先例。

和上次取得萨斯科哈那铁路的副总裁职务不同，这次摩根实实在在获得了纽约中央铁路的控股权，他本人也已经成了中央铁路的负责人之一。更重要的是，通过这次交易，在铁路业中渗透"华尔街指令"的目的达到了，不仅如此，这次交易还让他赢得了伦敦和美国金融界的信任和肯定，为实现以后美国铁路业的整合打下了坚实的基础。摩根在伦敦的地位也更加稳固了，而伦敦对华尔街的评价在这以前一向很低。

摩根向公众公开了一个计划，这个计划翔实而又精密，表明了他打算把纽约中央铁路的网络加以扩大改造，降低车费，以此来让顾客得到更多的实惠。

从南北战争以来，英国的大众投资家们对美利坚合众国寄予殷切的期盼，除了政府发行的国债之外，他们还冒极大的风险，把美国铁路公司发行的股份和债券购买进来，由此却发生了许多吃亏上当的事情。

摩根终于把这种恶劣的形象扭转过来了，由他负责管理的纽约中央铁路，不论是谁都必须承认，这是一流的铁路，况且，他又不寻常地把惯例打破了，他出人意料地把买卖之后的经营策略和路线的扩充计划发表了，这些都巧妙地把伦敦大众说服了。

聆听父亲教诲

美利坚合众国海斯政府的财政部长夏曼,在国库空虚的情况下,仍旧顽固地冒险,强行推行兑换正币复原法,在这种看上去十分难测的情势下,由于欧洲发生冻灾,引起严重缺乏谷物的现象,却意外地把必然失败的夏曼挽救了。

当时,美国统称为西部的地区包括中西部,位于这里的宾夕法尼亚州、俄亥俄州、密歇根州、印第安纳州、威斯康星州、明尼苏达州以及爱荷华州等农业地带出产的小麦、玉米等以惊人的速度销售出去了。因为运往欧洲的谷物急剧增加,专家们提心吊胆的资金外流问题不仅没有发生,相反,伦敦、巴黎的资金却向纽约流入。

由于德雷克歇—摩根商行的业务繁忙起来,在一年之间,摩根至少要在伦敦、纽约之间往返一次。

重新开始进行正币兑换后的第五年的春天,这时,摩根父子受威廉委托,已经连续5年在伦敦替纽约中央铁路销售股票。

"我觉得,有些问题,你应该仔仔细细地考虑一下!"有一天,老摩根郑重地训勉小摩根。

身穿款式时髦的灰色马甲的吉诺斯·摩根,佩戴蓝色圆点的领带,外面罩着一件藏青色的短大衣。尽管他已经是72岁的老人了,但他仍然讲究穿着时髦,给人的感觉就像是个上了年纪的英国绅士。

"纽约中央铁路在威廉·凡德华尔特时期的总裁是谁?"

"大概是琼斯·德普。"

"那个和洛克菲勒铁路联盟有关系的呢?"

"那个人叫约翰·迪贝尔,是西亚特兰大铁路的现任总裁。曾经做过律师的德普,在堂兄艾德担任纽约州州长的时候,也是艾德的幕僚,在安德鲁·约翰逊任总统的时候,曾经派遣他任第一任驻日大使。"

"你曾经和他交往过吗?"

显得十分自信的摩根说:"他做过老凡德华尔特的顾问,这也……"父亲拉着嗓门,又从背心的口袋里把丝手帕拿出来擦了一下鼻子,他说:"纽约中央铁路是不是答应了在5年之内给你8%的红利?"

"已经给了5年了,现在降到了4%。"

"现在这种情况你还收4%,未免太过分了吧!"父亲显然很生气。摩根坦诚地把头低下来向父亲认错:"是……"

"做事,我们一定要讲求信用,美国人是一向受英国人轻视的,可是我,在今天,在伦敦的信用是绝对好的,因此,我们的'联合募购组织'才有业界和银行愿意加入,也因为我们的'联合募购组织'得到了一般顾客的信任,纽约中央铁路的股票才能有2500万美元的巨额票券销售出去。"

"我清楚。"摩根低声下气地说。

"其实，英国的一般投资家也愿意与我们美利坚合众国的同胞共同开创新局面，当然，这也是一种投机心理，他们预料到美国在将来会有发展。"

"是这样的！"

"不要那4%的红利了，英国现在正在闹饥荒，在3年至4年之内，如果不从美国大量地购买粮食，就不能生存下去，纽约中央铁路的经营状况不管怎么样，对于英国人对你的信任都不应该辜负。"

现在，横渡大西洋需用的时间已经缩短为10天了。搭乘"不列颠号"返回纽约的摩根，在船舱里回想着父亲在临别之前和他的一席话。父亲说的很有道理，是啊，那些英国人，不论伦敦的贵族，还是农村的佃农，纷纷从银行提出存款来买美国铁路的股票，作为美国人，绝不能在这种时候不讲道义，甚至于落井下石！

姑且不论五大湖畔的农业地带的农民从英国的饥荒中获取多少利益，在短短的两年时间里，美国的铁路延长到超过4.8万千米，这相当于纽约到旧金山之间的直线距离的10倍以上，铁路建设里程的增长率超过了30%。在短短的10年间，铁路总计从1870年的约8.4万千米增加至约14.5万千米。

农产、煤矿、钢铁、石油，由于运输量急剧增加，在短短的约32千米的纽约州的都奥尔巴尼和五大湖湖畔的水牛城之间，竟然有4条铁路并行。

铁轨的宽度各不相同，铁轨间的距离也各不相同，货物从支线运来就必须转到铁路干线上来，因而，中继站里停有各种类型的蒸汽机车、客车和货车等，中转站常常忙乱不堪。而同时还有个大问题，就是中继站的转运设备问题。

虽然进行铁路建设的投资总额达到了40亿美元，但铁路建设简直没有一点规划,而铁路业者还在漫无节制地发行公司债券,以至于铁路公司的公司债券及负债总额高达20亿美元。

"在纽约和芝加哥之间,已经有5条铁路干线修筑完成了,另外,还正在兴建着两条铁路。"摩根一边在甲板上踱着步,一边喃喃自语着。

刚刚拂晓,缓缓从远方的海平面升起的火红的太阳,闪耀着火焰一样的光芒,在突然之间,灰暗的天际变成了金黄色。除了有夕阳般的柔和的感性美之外的晨曦,又多了一份光和热。

摩根暗自下定了决心:"一定要加以整合!"

制订收购计划

摩根决定通过不断地收购形成超过洛克菲勒、卡内基的更为彻底的"垄断"。对收购的铁路线进行统一规划、建设、管理,使一条条黑色的钢轨变为一条条渗透着华尔街指令的动脉,延伸到美国各个角落,形成一个具有强大张力的网状市场。

摩根脑海里勾画着铁路的蓝图,酝酿着整合的计划。经过仔细的分析,他制订出"购买入不敷出的铁路"的方案,并决定从西海岸铁路线开始。

"除了沃里谢夫外,西海岸铁路的股东还有哪些人?"摩根开门见山地问德普。

华尔街有名的"产业投机者"沃里谢夫是一个职业销售掮客。像沃里谢夫这一类的掮客中间,有很多是投机分子,一看股票将要下跌,他们马上就把股票抛售出去,随即再买进,通过这种方式来谋取私利。

"原来的陆军技术官恩斯罗将军和波塔准将也都是合伙人。"摩根叹了口气,说:"这些人都是有名的投机分子啊!"

新泽西城隔着纽约湾和曼哈顿遥遥相望，它是西海岸铁路的起点。西海岸铁路的路线与纽约中央铁路的路线完全平行，从新泽西城出发的西海岸铁路，沿哈得逊河北上，经过奥尔巴尼到达终点，即五大湖畔的水牛城。

在铁路业的投机上，为了卖出企业债券，普遍的做法是进行夸大其词的宣传，部分投机分子声称，铁路的建设费用多么多么低廉，运送谷物也能够获利。大约有4000万美元的公司债券被业者发行，但因为销售的数量很有限，所以最后大部分都留给了所有权人。

企业主们为了能够尽快回收投下的巨额资本，一开始竞争就削减运费价格，在纽约和芝加哥之间，使得仅仅一元的运费也可以一下子打成对折。

"要说服成交，能不能有办法？"

德普摇了摇头，表示了不乐观的前景："恐怕有困难！"

"为什么？"

"威廉·凡德华尔特根本就不打算承购这条铁路，对这种事，那位大老爷没兴趣，这是第一个原因。"

"我能说服他，这没什么关系。"

"但是，最主要的原因还不是这个。实际上，您或许也知道，宾夕法尼亚铁路的董事长罗勃兹。"

"西海岸铁路，他也想收购？"

"是的，听说买卖契约已经在暗暗进行，这是个秘密。在您旅英期间，根据我所得到的情报，西海岸铁路因经营不善已经面临破产了，罗勃兹想乘虚而入。"

乔治·罗勃兹除了把匹兹堡以西的铁路延长以外，还打算在宾夕法尼亚以南建一条铁路。以此完成他的宾夕法尼亚铁路系统计划。摩根心想：罗勃兹买下西海岸铁路线，就能与纽约中央铁路抗衡，就会阻碍自己整合铁路的计划。

想到这儿，摩根有些不安。

宾夕法尼亚铁路的掌权人，继艾加·汤姆逊和汤姆·史考特之后的就是乔治·罗勃兹。从纽约的技术专科学校毕业之后，罗勃兹就进入了宾夕法尼亚铁路，并被派到亚利加尼山区路线，他手里拿着铁锹和测量杆，负责对现场的工作进行监督，拼命地趁机扩张路线；除了把匹兹堡以西的铁路延长以外，还打算把重复的地方支线收购上来，以此来使他的宾夕法尼亚铁路系统计划得到完成。

"如果西海岸铁路被罗勃兹以稍高一些的价钱买了去，就能同纽约中央铁路对抗，并实现他的宾夕法尼亚铁路系统计划。"

"正是如此！罗勃兹希望能够利用自己的铁路，把五大湖地区、中西部地区的谷物，以及匹兹堡的钢铁等通过干线和支线的配合运到纽约。"

"他能不能把安德鲁·卡内基拉拢过去呢？"

"嗯？"

安德鲁·卡内基一向是摩根不喜欢的人物。听到罗勃兹有可能拉拢卡内基，德普有些怀疑："卡内基和罗勃兹不是合不来吗？"

"可能他们争执过。"

"哦！那么就请威廉·凡德华尔特去把安德鲁·卡内基拉拢过来！事实上，拉拢是大可不必了，目前凡德华尔特和卡内基正合伙建筑南宾夕法尼亚铁路呢！"

"说得也对。"

"卡内基如果能被说服，南宾夕法尼亚铁路就可以被利用……"

这种声东击西的战略，就连德普都没有想到。

凡德华尔特兴建南宾夕法尼亚铁路，投资500万美元，匹兹堡的钢铁大王卡内基也为之投资500万美元。南宾夕法尼亚铁路与原有的宾夕法尼亚铁路路线完全平行，是由宾夕法尼亚州的首府哈利斯堡直至钢铁之都匹兹堡的，这可说是别无所取，只是和宾夕法尼亚铁路对抗而已。

"建设南宾夕法尼亚铁路所需的费用超出了卡内基的预算，他曾经打算把这条铁路卖给罗勃兹，但碰了钉子。"德普又弄到了新情报。

"那，两人吵架了吗？"

"听说吵起来了。"

"哈！哈！太有趣了！"摩根仰天大笑。

收购西海岸铁路

在摩根倡议下,"海盗船俱乐部"在纽约成立,石油大王约翰·洛克菲勒的弟弟、标准石油的纽约代表威廉也被邀请加入俱乐部,成为一位会员,并与摩根结为亲密的好友。

每个月海盗船俱乐部固定聚会一次,他们有的时候在纽约市内相聚,有的时候就乘坐摩根的"海盗号"进行夜间航行,通常是沿着哈得逊河往上游开,并一直航行到他在克拉格颂的别墅。

摩根的第一艘游艇并不是"海盗号",他的第一艘游艇是以他的大女儿的名字露易莎为名的。全长约48米的"海盗号",它的全部的船身都被涂成了黑色。摩根在他的一生中总计造了3艘"海盗号"游艇,而且豪华的船身都被涂成黑色,并模仿北非的海盗船来命名,这令摩根暗自得意。

游艇俱乐部的王座由于"海盗号"的出现,已经从过世的老凡德华尔特身上转移到了摩根身上,"提督"的尊称也由原来老凡德华尔特的专属转而落到了摩根的身上。

"我想在下个星期日,把宾夕法尼亚铁路的罗勃兹邀请到我的

'海盗号'上做客！"摩根跟德普说。摩根决定亲自出马，游说罗勃兹放弃西海岸铁路。他知道该如何战胜罗勃兹。

德普问道："罗勃兹愿意赏光吗？"他毫无信心。

"那要看你的技巧如何啦！"

"是否把威廉·凡德华尔特也要邀请来呢？"

"不必了！他最近身体不好，你来代表中央铁路就可以了！"

为了打胜这一仗，宴请罗勃兹之前，摩根把威廉·凡德华尔特请到了麦迪逊街219号的寓所。他整整花了两个晚上说服了正在与钢铁大王卡内基联手营建南宾夕法尼亚铁路的威廉停建该铁路，买下西海岸铁路。

"西海岸铁路，您想不想买？"

病恹恹的凡德华尔特被摩根提出的这一问题吓了一大跳，他说："什么！买那条铁路？"

"是的！现在虽然入不敷出，但是不一定就不值得买。如果路线是和纽约中央铁路相平行的，未来的发展性可能就不怎么样。但如果从纽约到芝加哥，再由芝加哥一直延伸至加利福尼亚州，它就成了五大湖地区路线最大的动脉干线。在这个铁路竞争异常激烈的时代，如果放弃了的话，就可能致使纽约中央铁路也落个倒闭的下场。"摩根话里带着几分威胁的意味说。

"这……我也这样想，但是，一直呈赤字的西海岸铁路只能不断地发行虚增的转换债券，我一直在买，一直买，但最后都被迫要放弃掉了，濒临破产的那条铁路，现在连一块钱都拿不出来！"威廉用微弱的语气说道。

"有人说这条长达640千米的铁路，是一条可以吞下7000万美元的巨鲸，我相信您也懂得这句话的含义，我认为我们没有理由把它放弃掉，就算……我拜托您买下来可以吗？"威廉十分清楚摩根的战略，即使他的请求被拒绝，摩根也能够买下西海岸铁路！

西海岸铁路尽管即将破产，不！应该说是已经破产了，罗勃兹作为宾夕法尼亚铁路的董事长，仍然购买这条铁路的股票。即使西海岸铁路已面临险境，但销售的价钱也绝对是不便宜的，那么为什么摩根非买它不可呢？

"那好，就照您的意思办吧！"虽然威廉满腹疑问，对于摩根的要求，他仍然答应了，他没什么主见，无法坚持到底。

"海盗号"的甲板上赫然躺着一堆法国进口的白葡萄酒，客舱里除了摆上了山珍海味之外，还有使人垂涎欲滴的草莓派、莎莉雪藏蛋糕、古巴海岸捕获的加勒比海虾、缅因州产的贝类等，银制餐具闪闪发亮，一切都布置得十分考究。

"罗勃兹先生，听说您大学时代是位高才生，什么时候毕业的？"

"1849年，我毕业时加州正在兴起淘金热，我刚好碰上了。"罗勃兹用极为狂妄的态度回答，谈吐间显出傲慢的神情。

"您一毕业就进宾夕法尼亚铁路了吗？"

"是的，被分发到亚利加尼的山区路线。"

"若不是给你们这些掮客的面子，就凭我堂堂大铁路的董事长，怎会轻易前来？"这位被人们称作"响尾蛇"的铁路巨子罗勃兹心里是这么想的，脸上也表现出骄矜之气。他大口大口地吃着草莓派，一副你要我来，有屁快放的神情。

摩根也逐渐把话引入正题。

"汤姆·史考特任总裁时，您是副总裁吧？"

"提拔我的不是汤姆·史考特，而是艾加·汤姆逊。"

"我曾借了一点钱给汤姆·史考特,遗憾的是他后来脑袋中风,而在得克萨斯—太平洋铁路线的投资也全泡汤了。"

"得克萨斯—太平洋铁路线?当时不是您融资给他,鼓动他买的吗?"摩根看到这个比他大4岁的罗勃兹似乎一直占上风,便开始转移话题,攻击他的弱点。

"史考特的失败应归结于时机不对。当时,他明知自己资金不足,却硬着头皮将南部的那些因战争而荒废的铁路纳入宾夕法尼亚系统中来,结果当然是要失败的啦!弗吉尼亚州里士满以南的铁路都是这样被买下的……"

"我买下纽约北部的地方铁路,想一直将它延伸到五大湖以西!"

"那好哇!罗勃兹先生毕竟是罗勃兹先生!即使买下的是破产了的铁路,也会扭转乾坤,将它经营得很好的。不过,和南宾夕法尼亚铁路的争夺战进展得如何呢?"

"海盗号"在通往古拉格颂别墅的哈得逊河岸前,德普手拿酒杯,加入了摩根和罗勃兹之间的谈话:

"您在西海岸铁路争夺中是稳操胜券了,堂堂的威廉·凡德华尔特居然败在您的手下。但是,话说回来,或许在西海岸铁路之争中凡德华尔特输了,可是,如果他和强手卡内基联手,那么在南宾夕法尼亚的铁路争夺战中,就难保您能胜券在握了。"洞悉摩根心意的德普以间接强迫的方式企图说服罗勃兹,摩根马上按着他的口气说下去:

"在资金上,我将全力支持凡德华尔特,而他本人也决心血战到底。"

"那好啊,我绝对奉陪到底。"罗勃兹毫不犹豫地回答道,语气十分强硬。

两个人之间的这场争论直至船靠岸了还未停止。黄昏将至,晚餐早已准备了。

"最近我正在节食,不过压抑食欲实在是一件极其痛苦的事情。"德普开玩笑地说。

"我们边吃边谈吧!吃饭时用脑影响食欲,像我和罗勃兹这样的家伙,每天能吃得下晚饭实在应该感谢上帝。"

下午18时左右他们离开别墅,起航踏上归途。

"海盗号"在一片迷茫的夜色中回到了华尔街所在的曼哈顿岛。

"罗勃兹先生,我想咱们应该停止这场没有意义的苦战了吧!"临别前,摩根丢下了这句话。

"停战的条件呢?说来听听!"想必罗勃兹是喝醉了。

摩根听到这句话,感到十分意外。"德普,快将预算表拿给罗勃兹董事长看看!"

片刻间,德普就拿出早已准备好的预算表,摊开了,放在客舱中间的桌子上,以实际数据来向罗伯兹说明,万一凡德华尔特和卡内基在南宾夕法尼亚的铁路工程停止了,将会蒙受多么惨重的损失。

"这只是到目前为止所投下的实际建设费用,用来补偿南宾夕法尼亚铁路方面的损失,足够便宜了吧!"德普直截了当地开出价码。

"也就是说用成本价就可以买下南宾夕法尼亚铁路喽!"罗勃兹点燃烟斗。

"没错,够便宜了吧!但对宾夕法尼亚铁路而言,可以消除一条价值远大于此的竞争路线!"

摩根也点燃雪茄，一时间，烟雾弥漫在狭窄的船舱内。不知何时，浓浓的夜雾已笼罩在纽约湾的上空了。"海盗号"鸣起了汽笛。

"嗯……然后，我也把西海岸铁路的股价以收买时的原价卖给纽约中央铁路，是吗？"罗勃兹很快就弄明白是怎么回事了。

"是的！您意下如何呢？是否立即决定签约？"德普紧追不舍。

"也就是说让居于铁路业之首的宾夕法尼亚铁路以成本价向凡德华尔特及卡内基买下兴建中的南宾夕法尼亚铁路，而将煞费苦心买下的、居铁路业第二把交椅的西海岸铁路卖给凡德华尔特，这……"

"没错！您是拿正在下沉的木船换一艘建造中的军舰，这交易可是划得来的，哈哈……"摩根插进来说。

"那么，和解吧！"

"就这么决定！"德普伸出了右手。

"那么，居第三把交椅的顾尔德呢？"罗勃兹突然提起顾尔德。

"这……顾尔德将目标从密苏里转向太平洋沿岸……"摩根咬着雪茄，一时无言以答。

"海盗号"客舱中继续进行着关于铁路并行的重要会谈，到了晚上已进入细节阶段。真相一揭开，连摩根也吓了一大跳。罗勃兹坦白地说出购买西海岸铁路的价钱只不过2200万美元，然而拥有这条铁路的投机分子却蒙骗了一般投资者，发行巨额的公司债券，金额高达5000万美元，以增强罗勃兹的购买欲望。

"这2200万美元……我买下了！"摩根以凡德华尔特没有拥有自己的独立资金为由独自买下了西海岸铁路，并和纽约中央铁路签了199年的租约。摩根用以排斥凡德华尔特而单独买下西海岸铁路的另一个理由是：凡德华尔特已买下了纽约中央铁路，为了免遭舆论攻击，避免垄断的恶名，除此之外别无选择。

然而，摩根又私下里将纽约中央铁路置于他庞大的计划之中，不可否认的，他希望通过纽约中央铁路这块当时最具有战略价值的跳板，将其他的铁路一一纳入掌握之中。

签约后没多久，威廉·凡德华尔特突然因病身亡。尽管有人认为这是出人意料的巧合，但摆在眼前的事实却不容推翻：纽约中央铁路这条最具发展潜力的主要干道，在营运收入仍然非常丰厚的状况下，为拥有巨大财力的摩根所独占。摩根如鱼得水，大张旗鼓地开始了铁路改组计划，实行"摩根化体制"。

此后一年的关于摩根的新闻评论，褒贬不一。

保守派的《商业财政年刊》报道称："这是一场彻底的倾销战。去年夏天在'海盗号'上达成的历史性大妥协，使得一下子跌入谷底的铁路运费再度回升。摩根介入的同时，为了减少铁路企业之间的竞争，将纽约到芝加哥的费用提升至头等20元、二等17元。"

"大西部各州的主要煤矿公司代表，于本周在麦迪逊街摩根的寓所中会商，又经摩根从中周旋，签订了一份减产的秘密协定，也同意今后在摩根的协商下维持一定的价格水平。新煤矿联盟秘密决定了本年度的总产量升至3350万吨，前一年为3160万吨，并将每吨的运输价格提至2角5分。"

摩根的秘密会议

1882年2月,摩根在极隐秘的情况下,在麦迪逊街219号他的寓所内,宴请了美、英、法等国的投资企业联合的代表,以及全国主要铁路的所有人。

依照惯例,这个秘密会议在摩根的书房中进行。所有与会人员围在橡木长桌边,正襟危坐,摩根理所当然地是坐在最上位那把交椅上,德雷克歇以及来自伦敦的摩根商行代表端坐两旁,此外,伦敦的巴林商行也派代表出席,基达、布朗等则来自华尔街,摩根"联合募购组织"的成员几乎都到了。

中西部及西部各铁路的所有人也都会集于此,他们同投资银行团相对而坐,包括宾夕法尼亚铁路的罗勃兹、纽约中央铁路的德普、伊利铁路的金格、巴尔的摩—俄亥俄铁路的米西等,真可谓企业界的群英会。

顾尔德这次也接受摩根的邀请来参加会议,他由于被迫卖掉伊利铁路股份,并转投资密苏里—太平洋铁路及北太平洋铁路,而往太平洋沿岸发展。他默默无语地走进书房,行过礼后即直接走到长桌前，坐在最下方，与摩根相对，他以冷漠锐利的眼光看了摩根一眼。

《纽约时报》针对这次会议做了如下报道：

> 据称，这次秘密会议是因去年颁布的《州际通商法》而召开的紧急会议。但事实却不然，其实这是投资金融家商议促成铁路企业联合的阴谋会议。
>
> 纽约方面的投资银行家在这次会议中赢得胜利，而四大铁路及芝加哥、圣路易以西新兴铁路的所有人却惨遭滑铁卢般的失败。此后，自我毁灭式的削价竞争将全面停止，而投资银行家将完全成为那些面临倒闭关门却仍然互不相让的铁路企业的主人。

摩根的投资银行企业联合，趁着铁路业因恶性竞争而陷于资金困难的危难关头，加以控制，并组成了大联盟。这个垄断式的联盟挽救了不少铁路，但这次行动对美国政府而言，却无疑是一次大挑战。

自林肯政府以后，历经格兰特、海斯、加菲尔德、阿瑟4位总统，历时20年的共和党政权，都是以小联邦政府、州权中心、自由尊重等为原则，实施保护大企业的政治体制。

长时间的企业导向政治，使得美国的产业基础稳如泰山。而共和党又一向奉林肯式的政治思想为他们的传统精神，本质上，在美国，政治的极为明显的倾向是以州政治为中心。

然而，1884年当选的民主党总统克利夫兰颁布了所谓《州际通商法》，试图改变20多年来共和党人的以州政治为中心的政治原则，竭力想从州政府手中追回联邦政府的权力，该法也为1890年的夏曼《禁止垄断法》谱写了序曲。所谓《州际通商法》也就是《不受限于州境的联邦通商取缔法》。

《州际通商法》实施后，各州铁路或其他企业叫苦连天，他们原本可以自由决定其企业位置，可如今却必须在直属于联邦政府的州际通商委员会的虎视眈眈之下进行缓和地取缔，并由联邦法院揭发出不法行为。

政府满心希望能凭着禁止运费折扣、不当升值及控制贬值等手段，来整顿无政府状态下的铁路体系。该项法令是一项绝对民主党式的政策，主要是考虑到农民及劳动者的利益而制定的；殊不知，斩不断，理还乱，由于积弊已深，想要一举成功是一件相当困难的事。

当这项法律提到议会时，遭到一片责难，首先发难的就是摩根。

"没有人会遵守执行这项法律的！"对于民主党政府及议会的不信任，在摩根身上表现得似乎比任何人都来得严重。实际上，是因为他已经探听到，州际委员会在铁路业者的贿赂及压力之下，早已有名无实了。正是在这样的情况下，他召集了国际"联合募购组织"的所有成员及全国铁路业者，到他坐落于麦迪逊街的住所中举行秘密会议。

"如果政府和法律不做，我自己来做！用以推动改革的不是法律，而是金钱，金钱！"摩根的话回荡了几个世纪。

美国的历史学家将摩根这次召开的会议称为"历史性的摩根会议"。因为，从此以后，美国的铁路界及金融界的经营都成为"摩根化"这个模式，也就是所谓的"美国经营摩根化"。

如果我们再来分析一下历史学家的评价，它们是不是有"摩根会议揭开了金融资本对企业经营大举入侵的序幕"这种含义呢？

在此之前，并非没有人做过"铁路大联盟"的构想，石油大王洛克菲勒的愿望最为强烈，可惜，他没有成功。为什么连洛克菲勒这样的巨头都无法实现的大联盟，却被后辈投资银行家摩根玩得转开了呢？难道投资银行家摩根比洛克菲勒先生更强吗？

当时美国产业界最重要的运输体系便是铁路。在逐渐形成庞大企业联合的同时，也必须投下资本以延长铁路线或增加机器设备等，以促进铁路的现代化。因此，水涨船高，公司债的发行量必须随之增加，铁路企业对投资银行的依赖程度也相对提高，这层道理一般人是能理解得了的。

南北战争前，一般的中小企业仍是规模极小的家庭式工业，至于它们的周转资金，只要向州银行或野猫银行周转就绰绰有余了。这样的情况并没有维持多久，至1880年，对资本的需求剧增。

为了提供分散各地的一般大众资本，企业的资本需要越来越多了，金融界的大潮很快淘汰了以往在商品生产者及消费者之间作为媒介、提供资金的商业银行，而摩根化体制的投资银行正好顺应潮流，因此，投资银行家们越来越受青睐。

另一方面，在企业界也开始走原先银行、铁路走过的路，各种联盟、托拉斯应运而生。无论如何，要在激烈的竞争下求得生存，同时也希望增加利润，就必须组成更为强有力的企业联合。

这样一来，它们所需的资金来源，很快分割、转移，演变成为量小、多元化的分散倾向。由于资本来源分散，量小而多数，对股东的责任要求就必须明确，而股东们对企业的责任追究也就自然而然地产生。

摩根化体制的经营乃是"顺应时代潮流而产生的摩根哲学",而且符合时代的口味。这种摩根化体制的投资银行,已经脱离了海盗式的经营方式,参与了大企业的经营,这就是美国垄断资本主义形成的开端,具有明显的时代特征。

"政府和法律没法做的事,让钱来做!"这虽然是摩根的想法,但它也是美国式的想法。

"顾尔德死了!"

这则讣闻从德雷克歇处传来。"终于死了!"这是摩根在听到消息后唯一的一句话。说完后,他就瞪着天花板,久久默默无语。

顾尔德享年64岁。乔伊·顾尔德自从合作伙伴费斯克被射杀后,孤立无援,就被迫完全退出伊利铁路。他将卖掉伊利铁路股份权后所得的2500万美元资金,转向西部投资。

首先,他争取到了已完工的横贯大陆的铁路大动脉——联合太平洋铁路的股票,于1878年掌握了控制权。但在1878年,他又全身而退,卖出这部分股票,换买了堪萨斯—太平洋铁路的股票。

1879年,丹佛—太平洋铁路的股票为他所购得。接着,史丹福的中央太平洋等铁路与密苏里—太平洋等的铁路股票也落入他的手中。

从他购买铁路股票的方式来看,他的战略目标指向以圣路易为起点,一直循着詹姆士·李德篷车队的西进路线,延伸到犹他州的盐湖城,以便与由旧金山越过内华达山脉向东延伸的中央太平洋铁路会合,可以想见顾尔德先生是一位何等胸怀大志的铁路投机家。

当时,最早横贯大陆的联合太平洋铁路,在盐湖城北方奥格登车站西方的普罗蒙德勒,与越过内华达山开过来的中央铁路相连。真是不可想象,整个美洲的东西部被这条仅有一线的大铁路横贯过去。为了达到自己追求已久的愿望,这位向西部铁路挑战、死而后已的铁路投机家执着无比,就像着了魔一样。

他千方百计地想将手上的堪萨斯—太平洋铁路与联合太平洋铁路的主线会合,从某个角度上来看,可以说是因为意识到摩根这个无比强大的敌人吧!如果东西南北的铁路干线握在他的手掌之间,这无疑会对摩根构成巨大威胁,如果顾尔德的计划顺利的话,也许会让摩根甘拜下风的。

不过,天不遂人愿,在堪萨斯—太平洋铁路的合并计划以失败而告终之后,顾尔德投下重资,专心致志经营东西大铁路以强化这条横越大陆长达约 8500 千米的密苏里—太平洋平行路线;同时,他购买下汤姆·史考特曾经经营过的、但最终一败涂地的那条约 2400 千米的得克萨斯—太平洋铁路,就在他踌躇满志、雄心勃勃地打算向从新墨西哥州的圣达菲延伸到洛杉矶的南太平洋路线挑战时,却壮志未酬,因肺结核猝然死去。他的长子、36 岁的乔治成为继承者。

顾尔德这种执着的信念,曾令和他有着一样宏伟计划的摩根感到很大的压力。如今,这个拦在路中间的巨石终于没了,他感到说不出的轻松和解脱。

进入多事之秋

位于法国南部的蒙卡地罗，有着较为悠久的历史，腓尼基人最早相中了这块宝地，将它开发成为一个港都。以后很长的一段时光，海盗们盘踞在那里，将它作为分赃与休整的安乐窝。如今，这里以它异常发达的赌场业而闻名天下。

地中海的气候十分宜人，四季温暖如春、阳光明媚。到这儿的人们，不仅可以一睹赌城的风采，还可以瞻仰文艺复兴时代的建筑和拜占庭式的教堂。否则，眼光敏锐的吉诺斯·摩根怎么会在这儿建筑起别墅来呢？

紧临海岸的断崖道路非常狭隘，许多悲剧不断发生在这里，给这块美丽的土地抹上了一层阴影。

一星期后便是父亲77岁的生日，摩根为了赶上这个日子，在横渡了大西洋之后，不顾旅途劳顿，连忙登上了驶向蒙卡地罗海岸的船只。

早点将铁路大联盟的消息告诉父亲，好让他惊喜一下……这样一来，自己总算可以扬眉吐气了，再也不必对洛克菲勒和卡内基这些独占铁路的傲慢家伙低声下气了。如果排除铺设平行路线的方案、运费也不作无益的削价的话，铁路企业是有利可图的……

"天有不测风云，人有旦夕祸福"，正当摩根沉醉在成功的喜悦之中时，他哪里料到，死神正一步步向他的父亲逼近。

1890年4月4日，星期五，一切似乎都很平静，吉诺斯·摩根的心情也好得很。他穿上便服，像往常一样，乘着马车到别墅外散步。马车沿着断崖上的羊肠小道，向蒙卡地罗方向疾驶而去。

当来到狭道上的铁路平交道时，悲剧发生了：由于前方驶来的蒸汽火车的汽笛声，将马儿惊吓得站立起来，吉诺斯连忙坐上前座帮忙控制缰绳，但毕竟年纪已大，他被弹起摔到了车外，不偏不倚，脑袋撞上了路边的一块巨石，当场晕厥过去。

意外发生后，吉诺斯一直处于昏迷状态。在回到别墅后的第四天，老摩根就与世长辞了，他没能赶上自己77岁生日。摩根并没能赶上同父亲见最后一面。

摩根怀着悲痛将父亲的灵柩运过大西洋，再由纽约港运往哈特福德。当地人都为失去这样一个让他们自豪的商业巨子而万分痛心，当地政府的建筑物，均降半旗致哀。

"建造'海盗2号'！"摩根在父亲葬礼举行之后不久，就提出这个建议。

这艘"海盗2号"全长约72米，设有一支黑色的烟囱及两支桅杆，在当时的情况下，可以算是十分先进的航船，它可以畅通无阻地航行于海上，可见其坚牢程度。

几乎是与此同时，也就是这年10月，"麦迪逊花园广场"竣工了，工程共花了两年的时间，如今，它仍然耸立在那里。不过，已被移作运动场之用。这座由西班牙人负责设计的运动场所在地原来是纽约—哈里姆铁路与新哈芬—哈特福德铁路起点站。

它附带有模仿西班牙南部的都市塞维尔当地穆斯林宫殿的高塔。当时，它是仅次于华盛顿纪念碑的高耸建筑物，因而名噪一时，风光无限。

摩根成为公司债券的承购人，为了吸引更多的债券购买者，他自己也购买了10万美元的股份。

1890年下半年，摩根23岁的儿子杰克圆满地完成了大学学业，按照摩根的安排准备进入德雷克歇—摩根公司工作。

从哈佛大学毕业后，杰克还分别前往巴黎和柏林学习法语和德语。此刻，他才刚刚回国。

杰克在念大学的时候，就积累了不少商业经验，他曾经在罗杰斯公司见习了不短的一段时间。罗杰斯公司是皮鲍狄家族在波士顿的投资银行。

年底，杰克当上了丈夫，妻子是与他结识已久的珍尼·葛雷。这一年，不只是摩根身边发生了许多纷繁杂乱的事情，整个美国都是处于这种状态。此时，虽然南北战争已结束了25年之久，战火与硝烟早已烟消云散，但美国社会正面临种种重大变革。

曾在海斯时代任过财政部长的夏曼，后来在政界仍然十分活跃，一直是参议院里的资深议员。克利夫兰总统一上台，就对夏曼委以参议院财政委员会主席的重任。他屈服于日益激烈的舆论压力之下，制订了赫赫有名的夏曼《反托拉斯法案》，同时又通过了后来导致了大混乱的夏曼《白银购买法案》。

早在夏曼担任财政部长时，他就锋芒毕露，力排众议，大力支持总统通过了正币兑换复原法案。而此时任参议院财政委员会主席的夏曼,又发起了反托拉斯及白银购买的两种法案。

不过舆论对于《反托拉斯法案》还是持理解和支持态度的,因为该法案同《州际商业法案》中取缔独占企业及铁路垄断是大同小异的;然而,《白银购买法案》却命运不佳,自诞生之日起,就反对声不断,因为它同《反托拉斯法案》是完全背道而驰的法律。

继加州与澳洲发现金矿之后,南非的大金矿也公之于世。在它们的冲击之下,原本十分坚挺的白银甘拜下风,屈居于辅币的地位。而政府却偏偏要购买已经沦为辅币的白银,这个根本就是一个毫无道理的法案。

但是,由于共和党的主要资金赞助者银矿业集团等团体要求恢复银本位制,夺回失去的天下,他们出面,整天在白宫官员面前游说,鼓吹恢复银本位如何如何,最后,政府通过了夏曼《白银购买法案》。

这样一来,政府每月必须以市场价格购买 250 万盎司,相当于约 7 万千克的生银,不顾实际经济情况而屈服于一个利益集团,这实在是一个恶法。当然,恶法自有恶报。

由于这一法令,后来的哈里森政府被弄得焦头烂额,慌乱之余,只好胡乱发行以金、银为保证的政府纸币。

现在,黄金不足的恐慌终于到来了。

"爸,据说价值 1.56 亿美元的黄金,很快就会流到伦敦呢!这该死的《白银购买法案》。"大学刚毕业的杰克,对于华尔街的敏感反应,也只有干瞪眼的份,他只有向他老子汇报情况了。

英国政府自从视察了印度银矿山埋藏量后,做了反思,下令检讨卢比银市的铸造禁止令。真是一石激起千层浪，该项坏消息传来，引起了轩然大波。

华尔街的黄金市场受到了沉重打击，滚滚金源外流而去。

"废除《白银购买法案》!"在舆论沸腾下，政府不得不灰溜溜地做出了让步。纽约的律师在已经写完的各契约书之中，一定还要再加上一条："本契约的支付以金币交易"才算完结此事。

成为铁路大王

哈里森下台后,民主党的克利夫兰再度担任总统。

"摩根化"时代终于来到了。

"北太平洋铁路好像破产了。"商行里的职员告诉摩根。

"以里士满为终点站的南方铁路系统也破产了……"又传来了另一则消息。

每听到一则这样的消息,摩根都缄默着,一言不发,只顾猛咬雪茄。对于这些,他似乎都置若罔闻,无论它们具有多么大的冲击性。他在内心深处,早已下定决心,趁着一片纷乱,打上一场轰轰烈烈的大仗,不断地扩充家族财富。

对这两家破产的南北铁路,不能同等对待,因为它们的内情有天壤之别。

弗吉尼亚的里士满,在南北战争开始时,是南方军的重要据点。南方铁路系统的里士满终站公司就以里士满为中心,把触角伸向四面八方,如佛罗里达州、亚拉巴马州、密西西比州,以及佐治亚州等南方的几个州;往北的有华盛顿州、纽约州、肯塔基州及俄亥俄州。

事实上，30多家铁路公司赤字不断上升，濒于破产，它们正做困兽之斗，垂死挣扎。不得已，它们捞起了摩根的联盟化这根稻草。但是南方铁路系统的这一大联盟计划，脆弱得很——既缺乏保障性的金融资本，也欠缺有计划的指导者，最后只好抱着庞大的赤字正式宣告破产了。

由于30家以上的铁路公司全部宣告破产，无论是政府还是业主，都面临着极其严峻的考验，他们均迫切地认为有必要紧急收拾残局。事关重大，无数的债权人、股东及拥有公司债券的大众喧闹不已，他们成天围着州际通商委员会的官员们，通过他们向联邦法院及州法院提出诉讼，选定财产管理人"监督产权"。但是，就算是这些所谓的"财产管理人"，对于如何收拾残局也是束手无策。

而宣告破产的北太平洋铁路，这条横贯大陆的铁路以明尼苏达州明尼阿波利斯市及威斯康星州的亚士兰为起点，延伸到北达科他州的新兴都市俾斯麦，再沿着加拿大国界南方的落基山脉，经过蒙大拿州及爱达荷州的边境州，计划到达太平洋的华盛顿州的西雅图。但它们在杰伊·科克和乔伊·顾尔德手中很不景气，最终也没能逃过破产的厄运。

"总统的密使想和我见见面，据说他要到纽约来。我该如何对付？"安东尼·德雷克歇找到摩根，与他密谈此事。

摩根叼着雪茄，思索了一下，说道："先见个面看看也好……"摩根虽然赞成，但实际上并非出自本意。因为，和总统密使会面的德雷克歇关于会谈内容的报告显然是件令摩根感到十分头疼的事。

"密使先探询说，在议会通过新公债的发行法案之前，有无可能向德雷克歇—摩根公司借黄金以解燃眉之急？"

摩根这时也没有立即回答。他的心里清楚得很。如果政府出面找上了他，那么借的黄金一定是以千万或亿作为单位的吧！据他所知，这么大宗的借贷业务，除了英国的金融界，没有第二家能办得到。而且，自从该死的《白银购买法案》出台以后，黄金如潮水般地流到国外。谁都清楚，一场经济恐慌是在劫难逃了。

更为要命的是，铁路系统不早不迟，偏偏也在此时陷于恐慌状态。对政府来说，无异于雪上加霜。可以想见，这次商谈是多么的出于无可奈何啊！

时机尚早！最好让克利夫兰总统多焦虑一番。摩根猛吸了一口烟，浓浓的烟圈缓缓地撞向天花板。

"还是先解决南方铁路系统及北太平洋铁路的破产事件吧！"摩根神情凝重地说道。摩根掐灭烟头，并有意无意地瞟了对方一眼。

"不错，南方铁路在英国有很多债权人，尤其是南方铁路系统，是向英国输入棉花及木材不可缺少的运输线路。"可怜的安东尼如此说道，他不知道自己的寿命就好像这一条铁路系统一样，只剩下短短几个月了。

摩根又燃起一根拇指粗的雪茄，贪婪地吸了一口。

"下星期天将完成的'海盗2号'试航到新港好吗？"摩根突然改变话题。

"到新港去？那样要住两三晚呢！"德雷克歇百思不得其解。因为，从纽约到罗得岛州的新港，有一段相当长的距离。这位上司怎能不顾这一大堆纷繁复杂漫无头绪的事而去逍遥呢？

摩根并不容他想那么多，把手一挥，说道："邀请第一国家银行的总裁贝克先生一起来吧，还有，柯士达及斯宾塞这两位也一定要同行。"

直至现在，德雷克歇才理出一点头绪来，这3个人，全是海盗船俱乐部成员。后两位姑且不论，由于第一国家银行总裁贝克名字的出现，他已经略知摩根的战略了。

摩根所提到的萨缪尔·斯宾塞和查理斯·柯士达这两人也非同小可，在摩根集团之中，他们是摩根的两位得力参谋，他们为摩根东奔西走，立下了汗马功劳。

斯宾塞是个土生土长的南方人，比摩根小10岁，显得十分精明强干。他出生于佐治亚州，在南北战争时当南方军的骑兵。战后，在佐治亚大学攻读工程学。而在当时情况下，学习工程简直是件很稀罕的事情。

毕业后，他一进入巴尔的摩—俄亥俄铁路，就担任了总裁室特别助理，此后平步青云，不久就被提升为副总裁。恰巧此时这条铁路由于赤字濒临破产，终于落入财产管理人手中，也算是"受命于危难之中"。

斯宾塞之所以成为摩根的左膀右臂，是在当债权人依赖摩根救济时，摩根甚为欣赏斯宾塞的才华，于是便将他擢升为总裁。而斯宾塞也不幸负摩根的一番美意，负责偿还了800万美元的债务。因此，他更加博得了摩根的青睐。

摩根的另一位亲信柯士达年纪更轻，甚至比斯宾塞还小5岁，正是大展雄风的大好时光。他是德雷克歇—摩根商行自己培养的职员。

独立战争前，柯士达的祖先就以纽约为生意据点，经营着西印度群岛的砂糖、咖啡及兰姆酒的贸易业。他的血脉里继承着祖先的一切优良传统。在华普利与摩根共同组建辛迪加投资银行的时候，他就为摩根所赏识并被其招至麾下。

柯士达是个兢兢业业的人，属于典型的勤勉型。每天早晨6时左右就出门上班，一直工作到深夜，甚至还将文件带回家看。

当接到摩根发出的"铁路摩根化"的命令时，他花了一个月的时间，对有关铁路进行了全面彻底的调查，算得上是呕心沥血了。他不仅乘火车观察，甚至走下月台，静坐在飞驰而来的列车旁，仔细察看枕木与铁轨的状态。他有时甚至会开动火车头试试看，他的目标是要花最少的钱，去赚回最大限度的利润来。

可是，这两位高参的寿命似乎都不令人满意。首先是那位善于经营管理的柯士达，患了6天肺炎后就一命呜呼，当时是1900年。6年之后，身为铁路专家的斯宾塞，却在一次列车碰撞事故中死于非命。

摩根一直对柯士达和斯宾塞倚重有加，他也正是靠着他们两人，使得铁路的"摩根化"最终获得成功。

初夏的早晨，晴空万里，也没有什么风，是个出航的好日子。

还留有油漆清香的"海盗2号"，今天就要试航了。

"呜——"长长的汽笛声响过之后，"海盗2号"缓缓离开码头，驶过长岛的水道，然后经过康涅狄格州附近海面，径直向北驶去。

行进间，海风骤起，船上两支桅杆上的大帆，被风吹得"呼啦啦"直响。船借风速，载着摩根一行人箭似的加速前行。

当然，身为国家银行总裁的乔治·贝克先生，是该船上的座上宾。摩根的战略策略中，他是应联合的重要人物。摩根此行，意在拉拢他参加铁路事业。

能和这样一位人物接触，并非是容易办到的，若不是贝克加入了海盗船俱乐部，摩根恐怕还无法同他接触。

1863年,是比摩根小3岁的贝克开始发迹的一年。他在纽约创设了号称当时商业银行储金最高的第一国家银行。他的社会地位,摩根是自愧不如;可在企业界,他的地位就未必高过摩根。

贝克的第一国家银行不仅是摩根的隐秘财源,在华尔街,众所周知,贝克本人也成为"摩根政府的财政部长"。

柯士达深知此行自己肩负的重任,自从离开码头的那一瞬间开始,就一直不离贝克身边半步,如同贴身保镖一样。此时,他正将威士忌斟入贝克的杯中。

"市银行的史提曼,现在正和我们做着同样的生意,开着一模一样的投资银行,而且要与洛克菲勒联手,您有何感想?"摩根问贝克。

詹姆士·史提曼,是贝克的第一国家银行的最强劲的竞争对手,他刚刚登上市银行总裁的宝座。值得一提的是史提曼在击败贝克的第一国家银行,取代他的宝座之前,将两个女儿嫁给了威廉·洛克菲勒的两个儿子,造成轰动一时的策略性婚姻。

后来市银行与第一国家银行合而为一,成为全美最大的银行,并对墨西哥及委内瑞拉的石油产业投下了巨资。

成为市银行总裁的史提曼,是个与贝克迥然不同的人物,他并不是该银行的创始者。他将继承父亲的棉花公司所得的余利,运用在股票投机中。在此过程中,成为威廉·洛克菲勒的亲密战友。由于这一缘故,他投入了石油领域。虽然在这方面,他取得非凡成果,但志在成为银行家的史提曼,购买了市银行的股票,成为银行的高级职员。

1891年,他继承了亡故的原银行所有者摩斯·提拉的职位,当上了总裁。据说,这是因为洛克菲勒的标准石油公司慷慨相助的缘故。

"摩根先生消息很灵通啊，史提曼与洛克菲勒联合起来，要购买纽约的煤气公司及中西部、南部的股票。"贝克回答道。

"也要购买铁路吧!"摩根小心翼翼地试探着，这是他的拿手好戏。他想借此来慢慢地动摇贝克的心。

"他和哈利曼联手，一定是想染指太平洋沿岸。"贝克也是久经沙场的老手，不甘示弱地反击摩根。

"贝克先生，您对破产的里士满终站公司，及哈利曼与史提曼意图染指的北太平洋铁路的重建，有没有兴趣?"

"我?我的第一国家银行负责重建铁路?"摩根的话显然将贝克击中，只见他满脸狼狈相，怏怏不乐。

他哪里知道，摩根手下的柯士达可不是等闲之辈。经过一个多月调查，早已得知贝克对各地铁路的融资额相当可观。

贝克虽然长得又瘦又高，但体格十分强壮，像猎人般矫健，年轻时一定是颇为威武英俊的，只可惜时光如梭，岁月已将他的胡须全都染白了。

可是此时，这位精明能干的贝克先生，却显得满脸窘相，声音嘶哑，不像是银行家所具有的，他说:"里士满终站公司的改组，由贵公司的斯宾塞先生全权负责，不知道您意下如何?"

斯宾塞过去显露过起死回生的本事，由于他的全力以赴，偿还了巨额债款，才使得奄奄一息、濒临破产绝境的俄亥俄—巴尔的摩铁路从绝望的边缘站了起来，恢复了生机。

然而，当时这一成功的举动使得巴卡纳等人非常眼红，他们向刚得救的当地债权人煽风点火，想让他们罢免斯宾塞的总裁职务。

由于巴卡纳大肆收购股票，从中作梗，斯宾塞最后还是被他们赶走，但继任俄亥俄—巴尔的摩铁路总裁职务的却是摩根另一得力干将柯士达。

而南方出身的斯宾塞仍然还有用武之地，他被引入里士满终站公司，使30家公司联合起来的铁路系统变成了"摩根化体制"，这实在是个有趣得很的构想。关于这些"摩根化"的构想，除了摩根和他的几位高参之外，一直是秘而不宣的。外界对这套构想的存在与否一直持疑问态度，包括身为第一国家银行总裁的贝克。

现在，为了能钓出贝克这条大鱼，摩根不得不抛出这个饵，首次公开"摩根化"的有趣的构想："我想弄个专为债权人而设的信托委员会，您看呢？"

"信托委员会，要委托什么呢？"贝克端着酒杯，疑惑地问。

"委托公司的重建，由4到5人组成，人数越少越好。"摩根和盘托出。

"原来如此！因破产而陷于恐慌状态的股东及债权人，若听到摩根先生的名字应该会信赖他吧？"

贝克显然为这个构想所惊，杯中的酒在手中不停晃动。说话时，音量也不自觉地提高了不少。

"若您也能加入信托委员会，那么信用度就能增加3倍至4倍。"摩根看到有"戏"，心中暗暗高兴，开始趁热打铁。

"很好，我赞成。"

受了摩根如此舒服的一拍，贝克不禁有些飘飘然。很快两人达成了一项协议。摩根紧追不舍，提出了另一项要求。

"还要借你银行的年轻职员。"

"我的银行……第一国家银行变成摩根公司的'中坚'了？哈哈……"贝克大笑。

就在这豪爽的大笑声中,摩根与第一国家银行的结合大功告成。两大金融大资本的联盟在这里成立了。而洛克菲勒与史提曼的市银行及其相关企业所组成的金融体系,是这个新联盟的强有力的对手。

在欢快的汽笛声中,在新港停泊了一晚,往返三天三夜的"海盗2号"靠岸了。这次处女航取得了极大成功。

哈里森政府的《白银购买法案》在企业界中引发了大地震,造成了极大的恐慌。而摩根却不失时机,运用他那被称为"摩根化体制"的企业改组的战略手段,为庞大的摩根金融帝国带来了鸿运。

不过,必须承认的是,这是近代极为合理的战略。很微妙的是,如贝克在甲板上所预料的那样,这次摩根完全是冠冕堂皇地、救世主般地出现在因破产而出现赤字的铁路股东及债权人面前,没有人认为他是一个掠夺者。

摩根为了制定这个战略,可以说是费尽心思。据说,他的这个战略的实施,有5种方法及阶段,可以说是天衣无缝。

第一,组成一个调查小组,以具有纤细神经、属于勤勉型的柯士达为该小组的主将,深入铁路企业内部,对其财务状况进行彻底调查。然后推算出最低收入,定下改组的期限。将股票置于无红利的状态,实行负债的负评价。

利息的支付暂予搁置,股票红利也是如此。这样一来,那些股东与债权人终究会认为,这种做法或许会给他们带来一线光明。反正横竖都是要因破产而一无所有,不如来一回"宁可信其有,不可信其无"。因此,他们宁愿把希望寄托于摩根的手腕,满心期待有朝一日能东山再起,恢复生机。

第二,通过第一条这一剂强心针,使旧股东已幻灭的梦复苏,然后开始实施增资计划，给予他们再投资的机会，不过，这一条的实施关键在于"信誉"。

因此，摩根才如此挖空心思地拉贝克上船。他当时也的确说得不错：只要有贝克入伙，信誉就会增加三四倍。第一国家银行素来以信誉而著称，只有他的介入，才能给摩根的全盘计划带来良好效果。这样一来，无疑给人又注入一剂迷幻剂，给人产生背后有国家银行当靠山的错觉。殊不知，连贝克本人都成为摩根的掌中之物。

第三，发行优先股。这是美国的惯例，日本的日立造船也曾如此做过。当利润产生，改组完成之时，对旧股东支付红利后，最重要的是，约定分红的股票，必须以低价格发行。

第四，在改组的手续费方面，收取极高的契约费。其收费之高，是投资银行处理一般业务的公债、公司债及股票发行的手续费所无法比拟的。摩根在完成了里士满终站公司及北太平洋铁路的改组之后，又接手了背负1500万债款的伊利铁路。

摩根在基本手续费50万美元的基础上，又追加了200万美元的改组费，因而被称为"高医疗费"。不过摩根在这点上自有他自己的见解："假如病治好了，还算是便宜的呢！若死了的话，岂不是化为乌有？"说是这么说，其实这是哄人的话。倘若真是信心十足，那么摩根本人，这位财大气粗的医生，为什么摆着被低估的公司债，及以低价发行优先股这帖特效药，却"近水楼台先得月，向阳花木易逢春"，不先喝而后快呢？

第五，当上述手续都准备就绪后，最关键的一步就是派出自己的人介入各铁路。就如在"海盗2号"的甲板上与贝克密约一般，摩根让四五个得力人员组成企业介入小组，即所谓的"信托委员会"，它的权限要在股东大会之上，俨然一个太上皇。

因此，即使有人责难说，"摩根化体制"并不是什么救世主，而是在不折不扣地"巧取豪夺"，摩根仍然要一如既往地继续他的铁路改组。

由于执着地追求，加上方法得当，"摩根化体制"势如破竹。除了伊利铁路、里丁铁路、新泽西中央铁路、宾夕法尼亚铁路、拉卡瓦纳铁路、特拉华—哈得逊铁路、乞沙比克—俄亥俄铁路之外，还有新英格兰东北部的各铁路及南部的已破产或经营出现赤字的几条铁路，都在世纪之交时，陆续完成了"摩根化体制"。

依据1900年的统计，主要干线所有人所控制的铁路千米数，直属于摩根的就有约30700千米。此外，属于摩根合伙人的有：凡德华尔特的约31400千米；宾夕法尼亚的约29300千米；席尔的约16700千米。统计起来，摩根体系控制了共10多万千米的铁路。

此外，还有非摩根体系的约58000千米铁路，包括：哈利曼的约32600千米；顾尔德的约25800千米。

可以看出，当时美国铁路界呈三国鼎立之势，而摩根兵强马壮，实力遥遥领先于其他人之上。摩根本人担任信托委员会的理事，大权在握，发号施令。

直接参与的有凡德华尔特的纽约中央铁路以下的20多家公司。由于贝克为其所用，摩根确实捞到不少好处。宾夕法尼亚铁路和第一国家银行的贝克所租的乞沙比克—俄亥俄铁路联结，已经可以延伸到东海岸，纳入纽约中央铁路体系了。

如今，形势的发展越来越清楚地表明，"铁路大王"的这顶桂冠戴在摩根头上最合适不过了，他的这个称号，几乎可以和洛克菲勒的"石油大王"的称誉相媲美了。

终让白宫屈服

由摩根领头掀起的"摩根化体制"的铁路改组大战,是因夏曼的《白银购买法案》导致的经济不景气而开启的。

在美国历史上,这虽然只是如昙花一现般短暂,但是,似乎胜负却早成定局,其作用不可抹杀,为后人所称道。

之后,摩根又跃马横枪,开始了另一场在西海岸的战争。

与洛克菲勒联手的是爱德华·哈利曼以及顾尔德二世,构成了这场战争的强大的对立面阵容。事态发展到这个地步,摩根不得不经常意识到他们的存在了。也就是说,应如何与和哈利曼联手的洛克菲勒及那位身为市银行总裁的史提曼作战呢?

令摩根头痛不已的是,他的劲敌并非仅此两位。他的另一个难题是,对于卡内基这个在匹兹堡筑起钢铁王国,俨然一副"钢铁大王"派头的、被他视为眼中钉的男人,应如何取而代之呢?

在摩根发达的大脑里,装着无比庞大的计划。为了这些计划,他必须付出极大代价,将一个个强敌打倒,踏在地上。对此,他的信念是那么的执着。

因为夏曼《白银购买法案》的冲击，美国企业界受到沉重打击。前面提到的铁路业 30 多家公司同时破产就是一例。经济恐慌直接影响着美国政府，大量的黄金流往伦敦，国库里黄金几乎空空如也。

结果，摇摇欲坠的哈里森政府倒台了。新任总统是在哈里森之前曾任过一届总统的克利夫兰。他一上台就面临着如此棘手的问题，为了能控制住局面，站稳脚跟，不得不向摩根等人求得一些帮助。

于是，摩根被总统先生邀请到了白宫。总统要求他与罗斯查尔合组辛迪加，起中流砥柱作用，使流到伦敦的黄金重新流回美国。这里需要补上一段插曲，那就是此时摩根如何以桀骜不驯的态度，与总统进行交涉。为了救济金库空虚带来的经济恐慌，就必须立即筹集到一笔巨额资金。

当初政府财政当局稍稍一算计，算出需要的目标金额是 1 亿美元。不过，民主党政府认为，发行 1 亿美元公债，将黄金从伦敦换回似乎太冒风险，对他们并不利。于是，他们决定避免使用这一常规手段。

当时的财政部长卡利史尔自有他的盘算：他计划只发行 5000 万美元的公债，其余的半数则委托美国国内银行的存款。然而，他似乎打错了算盘，因为在这般恐慌萧条下，任何银行都自顾不暇，理所当然地将这位财政部长的呼吁抛在一边。

白宫不禁陷于无尽的困窘之中。因此，在万般无奈的情况下，卡利史尔财政部长使出了苦肉计。他以超出面额的 117 点，公开募集 5000 万美元的公债，年利率为 5%。

这一招打破了投资金融界的惯例，还着实奏了效，欺瞒了投资银行，也因此重重敲了一下摩根的后脑勺，摩根甚为愤怒。对那些胆敢在老虎身上拔毛的家伙，他怎么能够这么轻易地放过呢?

卡利史尔急急忙忙赶到纽约，召集银行家，请求他们的协助。但纽约的银行界对民主党政权也是白眼相看。碰了一鼻子灰之后，卡利史尔财政部长又拜访了市银行总裁史提曼，哀求道："摩根说，他自己要认购全部的公债，要不然就完全拒绝认购，就这么简单，没有任何余地。我们绝不能委托给那个盛气凌人的家伙。你就设法认购一些吧！到时一定会以一般的公开募集来偿还给你的。"

面对着这位财政部长的低声下气的苦苦哀求，史提曼赶忙从洛克菲勒的标准石油账中，提出了2000万美元，汇到纽约，把黄金注入空空如也的国库中，防止政府的破产。但这样做也是杯水车薪，无济于事。

不知是出于将钱扔进水里的惋惜，还是怪摩根袖手旁观，史提曼匆匆找到摩根，促请他再加考虑。

"你也融资2000万美元吧，我已经出了2000万美元了。"

摩根颇觉意外："你那2000万美元钱是从哪里融资的呢?"

"标准石油。"史提曼苦着一张老脸。

"你们……恕我眼拙，不知你们是伟大的爱国者。"摩根只有摇头苦笑。

摩根再次被总统召入白宫，互相摊牌。那些讨厌的新闻记者们早已闻风而动，守在白宫门前。为了摆脱这些家伙喋喋不休的纠缠，避免影响了自己的情绪，摩根神不知、鬼不觉地避开众人，秘密地进入总统办公室。

即使这次是和总统面对面地交谈，摩根也没有丝毫松动，仍然固执己见："除了我和罗斯查尔组成辛迪加，使伦敦的黄金重新流入国内之外，似乎没有第二种办法来解救陷于破产状态的国库了。现在，正有人要求从我手头提取1000万美元的黄金，要不要我立刻在这里拍电报，现在立刻汇到伦敦去呢？"

摩根知道，若不使出强硬的手段来，白宫是不会轻易就范的。因此，在同总统面谈时，也就"大行不顾细谨，大礼不顾小节"了，单刀直入，步步紧逼。

在如此强迫之下，克利夫兰总统的新陈代谢似乎加快了不少。几乎每隔15分钟，就要离席而去。实际上，他并没有去洗手间，而是去和在另一个房间的财政部长卡利史尔商量对策。

总统讨厌雪茄是出了名的。因此，在摩根进入总统办公室之前，就有好心人向他嘱咐道："请千万别抽雪茄。"

摩根此时烟瘾难耐，瞅准总统每隔15分钟离席而去的空当，开始"嘶吧、嘶吧"地抽起了粗雪茄。总统办公室笼罩在一片蒙蒙的烟雾之中。

过足烟瘾之后，摩根靠在座椅上。跷着腿、眯着眼等待总统的回来。他相信，总统不会不作出明智的选择。

不久，克利夫兰总统折了回来。摊着双手，一副无可奈何的样子。他跟财政部长协商了半天，认为还是"识时务者为俊杰"，先接受了摩根—罗斯查尔辛迪加的提案。在这一瞬间，摩根一定暗地得意道："我才是真正的爱国者啊！而不是史提曼和洛克菲勒。"

白宫在华尔街面前甘拜下风了！

驰骋国际舞台

在佛罗里达半岛南方的古巴岛，素来有"西印度群岛之珠"的美称。它位于美丽的加勒比海之中，西班牙殖民者相中了这块宝地，将它据为己有。

这是一个物产丰饶的岛屿，印第安人一直在这块极其肥沃的土地上辛勤地劳作着，过着平安无事、安居乐业的生活。但是，自从西班牙殖民者到了这块神秘土地之后，印第安人就厄运难逃了。征服者们摧毁了他们的田园，命令他们改种烟草，因而饥荒连年。印第安人被屠戮了不少。之后，西班牙殖民总督从塞内加尔及西非象牙海岸带来大批黑奴，强迫他们种植烟草及甘蔗。

征服者们又在当地大兴土木，建立起了城墙环绕的传道教会，扩大基督教的影响。

之后，挖掘金矿的探险者们络绎不绝地来到该岛。铁、锰、铬、铜及镍等矿产在这岛上被陆续发现了，其中铁矿的埋藏量又出乎意料地极为丰富。殖民者们掠夺了无数财富。

1898年2月15日，停泊在哈瓦那近海的美国巡洋舰"缅因号"

发生了原因不明的爆炸事故而沉没。

当时,摩根正在伦敦,听到这条消息后,他并没有立即回国。也许他认为不至于这么快就会爆发战争吧!

直至4月初,他才姗姗回国。美国第二十五任总统麦金莱为了保护古巴当地美国侨民的生命安全,以及所有美国企业的权益,断然于4月21日向西班牙宣战。

在美国国务卿约翰·亚当斯向驻马德里的美国公使发出的训令中这样说道:"这虽然不是牛顿原理,但成熟的苹果会掉落乃是自然法则。事不宜迟,以1亿美元买下古巴岛!"

口气不容商量,公使当即同西班牙政府交涉。但西班牙政府却一口回绝了这一桩买卖。这可是块大肥肉啊!他们怎么忍心轻易拱手相送。

这个消息传出来后,当时以低价向西班牙购买产品的美国烟草商及砂糖商人都暗自期待着战争的爆发。一场战争能给他们的口袋里塞进更多的钞票。

美国与西班牙的战争终于是"箭在弦上,不得不发"了,双方打得昏天黑地。而美国的大小资本家之间,也是争得难解难分。战争爆发时,洛克菲勒及南方的砂糖、烟草等资本家,在古巴投下了血本,其资本总额超过3000万美元。

此时,摩根刚从伦敦优哉游哉地返回到美国。因为他对战争的爆发不抱太多的希望。

在毫无准备的情况下,一位不速之客闯到了他的府上,那个人是海军次长,是来同摩根讨价还价的:

"前线正吃紧,为了输送兵员前往古巴岛,海军决定征用民间的船只。您的'海盗2号'是我们购买对象之一,请开价吧!"

摩根脸色登时变得相当难看：不知是哪个家伙这么不知天高地厚，竟敢在他的船上打主意。"海盗2号"对他来说，具有特别的意义，绝对不能被征用。

因此，他以不同寻常的态度、怒不可遏地说道："回去告诉麦金莱总统，如果船只不够的话，我可以立即建造船只送给他，只有这'海盗2号'，恕我不能转让……"

哪承想，这位海军次长就像吃了秤砣铁了心，无论摩根的脸色多么难看，语气多么强硬，就是一步也不退让。就这样，争吵持续了将近一天。

这位海军次长看来早有思想准备。他滔滔不绝地向摩根举了一大堆例子，晓之以理、动之以情。比如凡德华尔特在南北战争时期，献出了所有的船只啦，还有纽约、华盛顿的快艇俱乐部的会员们，陆续捐出他们各自的快艇。

面对这样的阵势，摩根不得不冷静下来掂量一下。他渐渐地开始有些动摇了，最后还是决定忍痛割爱，以免因为这种事情破坏了与政府的关系，妨碍以后的大事。

海军次长看到自己的一番话发生了效力，心中暗喜，凑上前去，开价道：

"22.5万美元，怎么样？"

"……"摩根仍像往常一样，沉默不语。然而这样已经足够了。

海军次长志得意满地走了。摩根当即起身，拨通电话，订购了"海盗3号"。

战事似乎对西班牙十分不利。进入中国香港的美国太平洋舰队，万事俱备，正伺机而动。5月1日，在菲律宾的马尼拉湾，他们击退了强大的西班牙舰队，在美国陆军部队登陆之前，首先开到古巴岛。

这支登陆部队有"悍马骑兵队"之称,以志愿兵为主力。7月,波多黎各岛被攻陷。同时,西班牙的加勒比海舰队全部被歼灭。战争只持续了4个月就结束了。

接下来,便在巴黎召开和平会议,美国从西班牙手中获得了巨大的战利品。西班牙承认了古巴的独立,实质上,却是美国取代西班牙的地位,俨然以古巴人民的"解放者"身份踏上古巴,使它变成美国化的古巴。

此外,西班牙割让了波多黎各、西印度群岛、关岛及菲律宾,美国仅花了很少的一笔钱。因此,美国资本的战场,其前线一直扩展至拉丁美洲以及太平洋彼岸的亚洲。

在巴黎签署媾和条约的当天,华尔街摩根的办公室里,也进行着盛大的庆祝会。

这种战争,对摩根来说,是多多益善,他总能从中找到发财的机会,而且总能赚上一笔。

数百名反战的自由派示威群众,拨开出入交易所的经纪人们,呐喊着通过华尔街的狭隘通道。

"华尔街是战争的挑拨者。"

"埋葬摩根、洛克菲勒、卡内基。"

"杀掉麦金莱。"

示威呐喊的声音,不断从开着的窗户传进来。但摩根却好像没有听到一样,面不改色,他正苦苦思索着如何到美属菲律宾和脱离西班牙势力的中南美、日本及中国投资的问题。

"今后将成为国际投资的时代。"这个念头火花般从他的脑子里一闪而过。

这时候，喧嚣的示威呐喊声又传了进来，搅乱了他的思考，但他的眉头却连皱也没皱一下。

"门罗主义真是好得很。这种主张欧美两大陆互不干涉的美国外交政策，虽然将美国的势力范围限定在西半球的南北美洲内，但是欧洲各国从此也被排斥在这范围之外，美洲市场为美国所独占，岂不是很美的事吗？如果势力范围能向亚洲拓展，那么国民的税金势必又会增加了。"

在美国财经界，包括华尔街在内，并没人强烈反对向东方扩展势力。亚洲腹地广大，是个相当有发展前景的市场。只有游行于华尔街的自由主义派，才会不顾一切地加以反对。

以"煽情主义"为招牌，拼命地卖报纸的威廉·哈斯特所代表的扩张论者，利用哈斯特报系辛迪加的激进煽动之机，激励麦金莱总统，高唱扩张主义的论调。

摩根猛摇头。收购美国铁路的时代是不是已经过去了？不，铁路事业方兴未艾，现在仅仅是一个起步而已。在菲律宾、日本、中国……情况全都是如此！

钢铁的时代来临了。美国必须制造大炮，对，也必须制造军舰。据说，在广大的中国大陆，也正经历着一个动荡的时代。那是叫什么来着？对，叫作义和团的正在四处造反。

还有，石油的时代也迫在眉睫了。咳，真遗憾，在石油这方面，洛克菲勒这家伙是无论如何也不会放手的。这么一来，那么只有钢铁了？不，不，爱迪生的电气时代也已来临了。电气？对！电气也是一根宝贝稻草。

摩根活了这么久，无论是说话，还是思考问题，向来都是言简意赅，谨慎得很。可是这次，他却陷入了近乎疯狂的错误思考之中。

他回顾这一生，由于自己的精明和独到的眼光，在几个重大决策方面取得了非凡成果，使得财源滚滚而来，如今的摩根帝国，已非其祖辈、父辈时期可比的了。

当今的美国，不，整个美洲在他的眼中都仿佛瓮中之鳖，是那么的不中用，美国这个小庙似乎已容不下他这个大菩萨了，他要向美洲、亚洲扩张，乃至整个世界，摩根帝国的旗帜将插到世界各个角落……

在这一瞬间，大概也是摩根生平仅有的一次吧！但他硕大的脑袋，立刻将这瞬间的错误思考抛至九霄云外，他突然脱胎换骨，摇身一变，成为一个国际大投资家。

在美西战争中，麦金莱政府也欠下不少战争债，对此，政府一口气发行了战争债券两亿美元，利率为3%。政府原打算采用将它们直接卖给国民的方式，但是，摩根等人早就尝过不少这种债券的甜头，这次他们能善罢甘休吗？

于是，摩根和他的"联合募购组织"马上同政府进行交涉，承揽全部金额。然后，他们将债券票面做成500美元以下的小额国债。这是一种新奇的构想，牛刀小试，果然取得极大成功，一般的人竞相购买，竞购率竟然高达5倍，盛况空前。不几天，公债飞快地销售一空。

但摩根仍有一件事迟疑未决，那就是关于是否要实施对墨西哥的投资，这显然又是一项新的挑战。

在美西战争之前，就有消息透露：墨西哥政府由于无力偿还西班牙政府的旧债，已面临破产，危险万分。在这种如临深渊的状况下，墨西哥当局不得不着手发行公债，其金额计划将达到1.1亿美元。

"好，放手一搏，做做看。"如此大的买卖，摩根焉能不动心，最后他还是咬咬牙，下了决心。随后，摩根立即和德国银行联合组织辛迪加认购了那些墨西哥公债，条件是取得了墨西哥油矿及铁路权作为担保。

"摩根干了。"

不管是华尔街，还是伦敦的庞德街，就连法兰克福及巴黎商人们都将这件事当作他们谈话的新焦点，他们羡慕摩根的生财有道和他的手眼通天。

摩根的钱口袋是永远装不满的。此时，他正在揣摩由罗斯查尔的纽约代表贝尔蒙处获得的一项极为机密的情报：

"伦敦的哈林公司因其财力限制，无法承担阿根廷政府发行的公债，或许会放出来也说不定。"

阿根廷此时的处境比墨西哥好不了多少，由于受到与巴拉圭的6年战争的拖累，此刻正陷入经济危机之中。国家财政破产的危机，因英国与德国资金的流入，才勉强缓解了一些。

其中，罗斯查尔的竞争者、伦敦的哈林公司，以阿根廷的广大土地作为抵押，购买了大量的公债，获利不少。当美国因美西战争而亲近古巴及菲律宾的时候，阿根廷正受到农业萧条的袭击，奄奄一息。

而政府在外国资本乘机进行经济上的掠夺之时，贪污腐败之事层出不穷，因此，农民及工人的贫困阶层中，对外国资本恨之入骨，并掀起了不少轰轰烈烈的排外运动。

阿根廷政府为了避免国民的一些责难，本打算对外国资本课以重税，结果却是虎口拔牙。在英国及德国的炮艇的威吓及外交抗议之下，只得灰溜溜地收回成命，代之以增加所得税，结果又招致了革命一触即发的险状。

贝尔蒙对摩根说:"哈林公司果真撤离的话,那是很危险的。阿根廷将会出现经济真空,一定会引起极大的恐慌。如此下去,必然导致暴动或革命,阿根廷政府准得完蛋。这个国家的铁路十分有潜力,况且,它的乳酪产品居世界之冠,阿根廷政府不能垮。"

摩根眯起双眼,两手交叉,舒服地往躺椅一靠,问道:"那么……需要多少呢?"

贝尔蒙往摩根跟前凑了凑:"7500万美元,年利率6%。这是罗斯查尔的提案。"

"好,就这么办。"

此刻摩根决定贷款给阿根廷政府,正是"摩根化体制"国际化的一项冒险投资。

贝尔蒙并没有就此将话打住,继续他的高谈阔论:"纽约市银行要贷款2500万美元给俄国政府,这件事您知道吗?"

贝尔蒙没有听到回声,但他熟知摩根的脾性,于是接着说下去:"史提曼正在就这件事情频频同洛克菲勒商议。"

"俄罗斯政府用什么作抵押呢?是巴库的石油?"摩根对此有些兴趣。

"不,是巴库的铁路。"

"哼!"摩根哼了一声,但贝尔蒙毫不在意地继续下去:"德皇受到美西战争的刺激,也想步其后尘,对太平洋的野心已日益暴露,而且还想染指东方的巴格达,您知道这件事吗?"还是死一般的缄默。

"今天,我除了带来了认购阿根廷的公债的消息外,还有极为重要的情报。摩根先生,让我们言归正传吧!"别号"国际通"的贝尔蒙，先对摩根大侃了一阵世界的经济行情，话题从阿根廷、巴库直至巴格达。直至此时，才话锋一转，进入正题，他的声音也放低了许多。

"是这样的，摩根先生，有关黄金的事……"矮小的贝尔蒙眨了两三下他那细小的蓝眼睛。

"……"摩根侧耳倾听。

"大英帝国对黄金产量居世界第一位的南非黄金产地特兰斯瓦省与奥兰治自由邦所发动的战争……"

这回，轮到摩根打断他的话了：

"只要英国方面投入压倒性的大军，胜负就立竿见影了。那时，特兰斯瓦和奥兰治的联军很轻易地就会投降吧？"

"不错。"贝尔蒙说着，两只小眼睛不由自主地眯了起来。

作为荷兰东印度公司殖民地的布尔人统治的地区，即后来的南非境内，在拿破仑战争结束后，成为大英帝国的一块殖民地。不久，该地的钻石与黄金被探险家们开发出来，英帝国的殖民地政策，与居住在那里的布尔人产生了对立。

后来便发生了1880年的第一次布尔战争，英国人将布尔人驱逐到北方，将黄金钻石的产地统统收归己有，加以管制。如此做法，更加深了与布尔人的对立关系，于是在1899年又爆发了第二次布尔战争。

在那种情况下，由于布尔人顽强地以游击战对敌，使得大英帝国的远征军备感困扰，骑虎难下，英国政府也是进退维谷。

摩根是深知这一点的，只是不愿说出来而已。

"根据报告指称，钻石大王薛西尔·罗德公爵的野心，似乎也遭到极大的挫败。不过，南非是个满地黄金钻石的天国，这同德皇垂涎中国的青岛及法国想得到广州迥然不同。"

"说话听音",无可否认,摩根的话中有一半是对英国的讽刺。英国政府自从对布尔人用兵之后,战争费用出乎意料地庞大;另外,与英国历来水火不相容的德意志皇帝,正野心勃勃地计划建造一支大舰队,英国历来是海军的老大,岂容他人取而代之?因此,必然要同德国对抗,双方将展开激烈的竞赛。

如今,英国正陷入财政极端困难的状态之中,难以自拔。轮到美国帮助它的时候了。摩根在同贝尔蒙对话的同时,并没有忘记给他这些暗示:"我的父亲,曾经帮助过被罗斯查尔男爵放弃的法国政府,使它重振旗鼓。这次我相信,应该是美国救助因布尔战争而受困的英国政府的时候了。"

通过罗斯查尔银行,摩根开始同英政府进行磋商。摩根首先从第一次布尔战争的公债开始下手,负责购买了金额计1500万美元的战争公债。几个月后,第二次认购了2000万美元,后来再重复地追加认购,实际上,总共认购了价值达1.8亿美元的英国政府债券。

做了这么多笔战争债生意,对出让战争债的各国来说,减轻了身上的负担;对摩根来说,也是日进万金,俨然已经成了世界的债主!

如果说美国与英国的地位因此而扭转了,那还嫌过早了一些;不过,美国的国际地位正在飞跃,而摩根的地位也真是如日中天!

与赌徒的较量

约翰·盖兹，原来是个名不见经传的家伙，可是，突然之间他在华尔街名声大噪起来，甚至还威胁着摩根。

他比摩根小18岁。最初，他在芝加哥郊外村落的某个私人学校里读书，毕业之后，又来到西北学院学了半年的商业课程。

19岁时，他就开始投入生意场中。先在村里的小杂货店里买下了半数的股份。然后，干脆自己经营起该商店，利润颇丰。这时，他的商业才能已经初步显示出来。此后，他又在这个杂货店里，学会了通过制造倒钩铁丝来拓展新的盈利渠道。

"人往高处走"，在杂货店里待了一段时间，盖兹自觉有了闯荡江湖的资本了，便将小店处理掉，带着本钱，远走高飞了。

盖兹来到了得克萨斯州，先在一家工厂干活，后来由于他在经营倒钩铁丝方面颇有造诣，那家工厂的老板就专门从事生产销售倒钩铁丝的行业，竟然赚到了不少钱。

当时，倒钩铁丝在得州有着广大市场。该州及其西部各州土地辽阔，农场遍布，再加上经常遇到风雨，木头栅栏不能久经风吹雨淋,因而需要大量的倒钩铁丝来加固篱笆。同时,牛马及羊等家畜的防护栅也需要大量的倒钩铁丝。盖兹瞅准时机,大力扩展市场,获得了很大成功。

然而,盖兹并不满足于那些主动送上门的顾客,他的目光盯向了更远的地方。他通过租借牧场,把牛仔们集合在一起,然后花一些小钱,举办牛仔技术竞赛大会,也成功地推销出大批的倒钩铁丝。

在得州待了一段时间,盖兹长了不少见识,也赚了不少钱。之后,他到了圣路易,仍利用他的一技之长,干起老本行,开办了一家颇具规模的倒钩铁丝公司。

就在1898年这年,也就是美西战争正在如火如荼地进行着的时候,盖兹开始在美国冒尖了,他在新泽西州联合了7家倒钩铁丝公司,组成了一个资金为9000万美元的美国钢铁铁丝公司,使企业界为之大吃一惊,人们认识到,除了摩根、卡内基这些老家伙之外,还有一个叫盖兹的厉害角色。

这也是盖兹蓄谋已久的了。其实,在此之前,他就已在故乡伊利诺伊州取得了伊利诺斯的中小制铁公司的股份,逐渐排挤了其他股东,取得了这些公司的所有权。然后,他以这些公司为母公司,逐渐合并一些小企业,慢慢向外扩张,手段凌厉之极,令人瞠目结舌,不亚于摩根当年。

"以超过股票时价的钱,支付给被合并公司的旧股东。合并后新公司的股票,再以超过它的价钱卖掉,他仍然赢得不少赚头。"这是旁人对盖兹的评价,的确,这正是盖兹的一贯作风。

"他是一位视赌博与狩猎如命的天生大赌徒。"盖兹的秘书这样评价他。

盖兹的天性便是好赌，从伊州到得州至今，他的赌瘾非但没有因繁忙的公务而收敛，反而因日渐鼓起来的腰包而大增。本来嘛，他的生活无一不渗透在赌博之中，他利用自己高超的赌技，驰骋在生意场上，瞅准时机，痛下一注。因此，他很少输过，因而赢得了"百万赌徒"的称号。

美国钢铁铁丝公司自从在新泽西州设置根据地起，就一直在钻着夏曼《反托拉斯法案》的漏洞。因为新泽西州允许企业利益可以跨州实现的缘故，这种动机和洛克菲勒将标准石油总公司移到新泽西州是如出一辙的。可见盖兹战略眼光的敏锐。

也就是说，盖兹这位"百万赌徒"希望以美国钢铁铁丝公司作为根据地，称霸世界的钢铁业。

当这家美国钢铁铁丝公司踌躇满志、打算合并明尼苏达的优良铁矿公司时，却碰了一鼻子灰。

两公司的股东大会都一致同意合并，只不过还有一个要命的附带条件："将合并业务全权委托摩根处理。"

看来，摩根当时在钢铁业界的声誉远胜过这位晚辈。

从1898年的美西战争至1902年结束的第二次布尔战争，不过短短的两三年时间，美国企业迅速地成长，其程度只能用"异常"来形容。当然，大部分要归功于战争带来的机遇。

依据全美的企业统计记录指出，在美西战争结束后的两年间，总资本额增长至36亿美元。而且，据说其中的70%是优先股。因此，如果要创业的话，立刻就可以获利分红。而投资股票期待分享利润的话，大家最青睐的也是优先股，虽然价格高。

"将合并业务委托给摩根这种人，会不会被吃掉啊？""百万赌徒"此时像拿着一块烧红的炭，拿也不是，放也不是。

但他还是下定了决心。由于对摩根深怀戒心,他派遣友人,请来了一位叫作加利的名律师前往商谈。加利确实是一位很能干的律师,而且盖兹也是他的老主顾了,接受他的委托并非头一次,当然结果每次都令人满意。

接受这次委托后,加利忙开了,关于各种小型制铁企业合并案的幕后工作,以及关于将那些为了钻法律漏洞而迁往新泽西州的企业转移工作,全由他一手包办了。

即使身为律师,并且以精明能干著称,加利也从不间断全家上主日教会。而且,**他本人也从不干买股票或赌博之类的投机勾当**。然而,祸起萧墙,自从加利与摩根熟识后,就一直替摩根挖盖兹的墙脚,使盖兹蒙受了不幸的结果。

原来,自摩根接受美国钢铁铁丝公司股东的委托进行明尼苏达铁矿公司的合并作业时,素有摩根"法务部长"之称的律师史登松,就与加利的接触频繁。这也是一种机遇,或许是史登松对加利具有好感,而因此产生重大的影响也说不定。

自此以后,加利与摩根之间的深情厚谊,一直持续了15年之久。而摩根购买卡内基钢铁,加利在幕后扮演了一个极为重要的角色。

盖兹提出了这么一个构想,那就是创设资金高达两亿美元的联邦钢铁公司,将卡内基家族的资本排挤掉,进行中西部各州的钢铁企业的大联合。此时,加利仍然是盖兹的雇员,"食人之禄,忠人之事",他又被派往华尔街同摩根进行会谈。

自从安东尼死后,有好长一段时间,原来的公司名称一直用着。但现在,已经更名为摩根公司了。

"原来如此,要创设联邦钢铁,对抗卡内基,那是非常好的构想，不过，你认为白铁皮生意怎么样？感不感兴趣呢？"摩根经过一段时期的观察，逐渐将注意力转移到白铁皮上。

"白铁皮，白铁皮吗？"加利冷不防被问到这样的问题，不禁有些张口结舌了。

"盖兹确实是一位能力十足的倒钩铁丝专家。这的确相当不错，不过以后在钢铁世界里，软硬制品全都得派上用场。比如建设大厦、建铁桥、造船等。另外，你听说过吗？在底特律，有一位名叫福特的人，现在正大搞汽车生意，汽车是由**钢铁和白铁皮制成的**。也就是说，虽然存在着软硬兼施的制品，但一般家庭对软铁制品的需求越来越大，这种时代已经就要来临了。"

"是的。"突然听到摩根这一席剖析形势的话，加利觉得摩根确实有眼光。

"在盖兹的构想中，加上全美 265 家白铁皮企业，将它们一并收归己有，创立一个联邦钢铁企业，使它成为一个企业复合体，资金由他负责筹措。"

参与会谈的史登松，不断地注视着加利，**鼓动他赶快答应**。

联邦钢铁成立的股东大会在纽约如期举行了。大会结束后，加利被单独邀请到麦迪逊街的摩根寓所。

由于钢铁合并企业一案，加利成为摩根和盖兹之间的抢手人物。加利原先受雇于盖兹，为他奔波效劳，至于摩根，则是因为业务而结识的。

在与摩根接触了一段时间后，加利被摩根非凡的才能所打动，逐渐从盖兹手下游离出来，向摩根靠近，最后成为摩根的一员得力干将。不过在此过程中，摩根确实使了一些小手腕。

"摩根先生，您让我很为难。您预先不经我同意，就将我任命为您公司的总裁，这未免太让我为难了。我在芝加哥的律师事务所里，也拿着75000美元的年薪。而且，我的家人怎么办呢？他们不可能到纽约来。"

乍看之下，加利这个人确实与众不同，能在巨大的利益诱惑下保持清醒头脑的能有几个？但实际上，加利并非完全像他表现出来的那种见利不忘义的人。

"怎么，你要辞掉这个总裁职务吗？嗯，很好，不愧是加利先生。"

威严的口气里透着一丝揶揄。

"不，不是这样的。最重要的是，对这个公司的提案人盖兹要怎么交代呢？他会非常生气的。"加利想适当地推托一下，即使盖兹知道也可以两头讨好。

"这有什么？从今以后，联邦钢铁将是控制世界钢铁的大公司。那个赌徒有何德何能，能担任这么一家大企业的总裁？盖兹一味隐瞒着他在以前投机上几乎赔光老本的事；而且，这小子竟敢打我的主意，先将我打算买下来的肯塔基的路易斯铁路据为己有，然后再高价卖给我。"

"……"

加利只有保持缄默了。摩根见他默然无语，又十分恳切地说下去："无论如何，请你要接下联邦钢铁。至于年薪，你要多少都行。总之，薪水由你自己决定，干部以及职员都由你指派。"

"……"加利仍然迟疑不决。

"现在，我先讲一下我组成联邦钢铁的抱负。加利先生，今后的美国资本，已经不能再只顾及国内了。欧洲、东方、亚洲及中南美洲、非洲等，这些地方正十分盼望着美国的资助及工业制品的输入。这种时代，在可预见的明天就要到来。美西战争，我们就遇上了这种局面，布尔战争期间，我们也没有错过这时机，中国的义和团运动也是如此。不久以后，日本和俄国之间的战争在所难免，欧洲也说不定会成为一个大火药库。"

天天坐在寓所圈椅上吸着雪茄烟的摩根，他的分析判断之准确，在以后的日子里完全被证实了。

"我也深有同感。"沉默已久的加利，第一次开口附和起摩根的观点。对摩根这种高瞻远瞩的、热情的演讲，他不禁听得入迷了。

摩根也察觉到了这一点，心中颇为得意，继续他的演讲："美国的民众，也许对这些只是笼统地了解一下而已，而我们就要察觉到其中的机会。比如这次，我决定认购的英国布尔战争的公债，后来极其成功地消化掉了。即使是菲律宾、波多黎各、墨西哥等地，情况难道不也是这样？那些国家和领土的债权，都可以在认为最合适的时候卖掉！你说是吗？"

"是的，盖兹想必也应该知道。"

"盖兹嘛！他拥有像钻石、火柴或饼干一类的公司，可以精心地作各种策划，但饼干和钢铁完全是两码事！像他这种人，完全就没有资格来支配世界！"

对于摩根来说，盖兹根本就是一个跳梁小丑，不足挂齿。

"是。"

"对了，你知道匹兹堡……不，第五街的那个小苏格兰人吗？"

摩根突然发现，加利似乎对关于盖兹的评论颇为敏感，便话锋一转，将话题转移到别的人身上。

"是安德鲁·卡内基吗？"

"不错，你知道卡内基的年收入吗？"

"不知道。"

"让我来告诉你。3年前净赚700万美元,去年是4000万美元,今年一定又加倍了。"

"就是说,去年是6倍不到,那么今年就该是12倍了。"

"是净赚呢!"

"是。"

"我想,对我而言,世界上再没有比卡内基更令我讨厌的人了。不过,也只有他的事业,我才注意。"像摩根这样狂妄的人,能值得他的称赞的人固然是难上加难,能引起他讨厌的人,也只有卡内基这样的人了。

"想收购吗?"

"……"

摩根未置可否,一笑置之。肥厚的双唇之间,紧紧地衔着一根粗黑的雪茄。从雪茄的尖端吸入再猛吹出来的烟,在加利看来,如一种妖气,这大概是一种心理作用吧!在这屋内的史登松及加利,此刻才了解,原来摩根心里想着的,是和钢铁大王安德鲁·卡内基对决的事。

组成联邦钢铁的同时,也意味着摩根与卡内基之战,这场被喻为世纪性的企业战争的战火被点燃了。

创立美国钢铁

华尔街,确实是人才汇集、龙争虎斗的地方。老一辈的如摩根之流,稍年轻的有盖兹等人,此外,又出了一个叱咤风云的莫尔帮。

芝加哥投机家威廉·莫尔,身材高挑,体格壮硕,令人望而生畏。他与他的弟弟及伙伴们在华尔街被称为莫尔帮。

摩根对莫尔没有一点儿好感。但莫尔不仅在体形上占了不少便宜,在投机场上也是一把好手。

有人说:"此后华尔街的皇帝,不是摩根,就是莫尔帮。"

同盖兹相比,莫尔有着完全不同的履历。莫尔出身名门望族,父母都是纽约的银行家。莫尔专攻法律,是一名律师,经常用他的专业知识向法律挑战,获得了不错的口碑。莫尔先后不知接手了多少的诉讼案件,当然不乏名企业、公司的委托。在同那些人的频繁接触中,他也耳濡目染了不少投机的诀窍。

莫尔帮助钻石公司增加资本,将资金由原来的750万美元发展至1100万美元。接着,不到半年的时间,在他的一手促成下，几个制造包装用厚纸箱的中小型公司合并成一家大公司。这件工作刚刚放下不久，他又以迅雷不及掩耳之势，凭着他凌厉无比的手腕，成功地促成了纽约饼干公司的900万美元资金的企业合并。

在8年之后，这家饼干公司雄心勃勃，又同另一家咸饼干企业联合，组成了声名赫赫的"国家饼干公司"，它的市场约占全美国的90%，成为一家超级大企业。

这些还只是莫尔早期的一些小作坊，在美西战争爆发后，他就将"白铁皮铁板公司"、"国家钢铁"及"美国钢管"3家钢制品公司加以合并，组成一家资金达1.5亿美元的大型制铁企业，在全美的大小制铁企业中排行第四，这堪称他的一件得意之作。

在美国钢铁企业的排行榜中，坐第一把交椅的要算卡内基，摩根只能排在第二位，而第三位的就是那个在五大湖周围的中西部直至南方大肆购买铁矿山并插手制铁业的洛克菲勒。

"卡内基与佛里克两人似乎有将钢铁、焦炭及相关的全部制铁企业股票卖给莫尔帮的企图！"

当南非第二次布尔战争爆发的时候，这一不确切的情报传入摩根耳中。捎来这个情报的人，似乎是个性与莫尔如出一辙的"百万赌徒"盖兹。但是，也并不能确定就是他，或许是另外一个人。

"卡内基对莫尔开了什么价码？"摩根这样追问捎来消息的人。

"3.2亿美元……旅居于苏格兰斯吉伯堡的卡内基，已全权委托他的同伴佛里克处理这桩买卖。据说定下的期限是半年，莫尔必须先出100万美元的定金。交易谈成则已，若交易失败，这100万美元卡内基将收归己有。"

"那么，这等于是说，卡内基以 3.2 亿美元为价码，同莫尔订立契约啰。"摩根一直将卡内基视为眼中钉、肉中刺。卡内基这个织布工人的儿子，从每星期挣 1 美元 20 美分一直发展至今天这个地步，在财富上，他甚至还超过摩根，成为当时世界上最富有的人。眼下，这个严重地威胁着摩根帝国事业的人，突然急流勇退，又将事业转让给一个后起之秀，对此，摩根怎能坐视不理呢？

卡内基这次隐退并非无缘无故的，在这段时间，他接二连三地遭到了丧失亲人的打击。先是他最敬爱的母亲撒手而去，然后，他的弟弟汤姆也去世了。时隔不久，在布拉德克他的工厂里，发生了熔炉爆炸事故，他失去了最可信赖的得力助手琼斯厂长。

真是"福无双至，祸不单行"，接踵而来的沉重打击，使他想了很多事情：自己本来是个穷光蛋，可是现在却是百万富翁，为什么我现在这么富有了，上帝却偏偏在这时让我承受亲人朋友离我而去的痛苦呢！难道说，正是因为我的财富给我带来了无尽的罪孽？他苦苦思索着这一切，最后，终于萌生了放弃事业的念头。

"听说那苏格兰人在斯吉伯堡中，被难以理解的哲学给迷住了，说什么'富人若不能运用他聚集钱财时的才能，在他生前将其钱财捐出来谋福利，那么死了也是不光彩的。'"摩根喃喃自语道。

他一想到那个满脸胡须的小苏格兰人，就禁不住要"怒从心头起，恶向胆边生"。以后的消息传来，说莫尔同卡内基钢铁的佛里克总裁的谈判无结果而散，莫尔白白拱手相送 100 万美元。

谈判失败的借口是，莫尔这一方面根本没有财力筹措出那么庞大的资金来。一个庞然大物，很多人都想消化掉它，有的人非但无法对付得了，反而闹出胃病，落得个"偷鸡不成反蚀一把米"的下场。

莫尔就是这种不自量力的家伙，在他放弃了购买卡内基钢铁的念头之后，又合并了一些小型企业，创设了"美国钢铁"及"美国制罐"两家公司。这两家公司好像是为了让摩根吸收合并而特意创设的，背负着如此相似的命运。

"卡内基这次又好像有意将事业卖给洛克菲勒！"摩根在听到这个消息时，惊奇得不得了。为什么卡内基偏偏没有想起过他？

"不，洛克菲勒光石油就够他忙的了，绝对不会买的！他现在必须致力于控制世界石油，怎么可能再插手钢铁呢？"

摩根不再去想洛克菲勒的事，他暗中等待时机的成熟。果实熟透了自然就会落下，这是自然定律。他相信卡内基目前所做的一切都是徒劳的。

卡内基在斯吉伯堡的旅居期间，由佛里克总裁负责处理匹兹堡的"卡内基钢铁"，但自从1892年荷摩斯特工厂罢工酿成一场流血大惨案以来，两人经常发生龃龉。最后，佛里克忍无可忍，干脆扔下辞呈，一走了之。

这件事，发生在莫尔和卡内基交易破裂以后不久。后来施瓦布被任命为总裁。

当年，匹兹堡郊外的布拉德克工厂厂长琼斯，每天早上都到工厂附近的杂货店，跟店主施瓦布买雪茄。"一回生、二回熟"，琼斯对施瓦布的才干倍加欣赏，因此对他加以提携。施瓦布的才干在以后越来越显露出来，直至最后继任了佛里克的总裁职务。

漫长而耐心的等待得到了回报，摩根的机会来了。

摩根的女儿露易莎的先生是施瓦布的多年至交，据说，当时卡内基考虑到这层关系，就授意施瓦布接近摩根。

一次，施瓦布应邀到纽约大学俱乐部演讲时，凑巧和摩根邻座，两人交谈得甚为投机，颇有些英雄所见略同的意味，从这以后摩根和施瓦布竟成了知己。

施瓦布在当晚的演讲中说道："当今的美国企业，都是好几家公司联合成立的，并没有一家企业独占同一类产品的现象。例如，一家企业公司集中制造出机车或者货车。如果能做到这一点，那么企业效率将会大大提高。为什么不能做到这一点呢？"

这场演讲，摩根自始至终都仔细聆听着。而这一席话，却成为摩根与卡内基企业大合并的契机。

"创造各行业单一公司的独占性企业，再将它们大合并的话……"

摩根的脑海里突然闪过这种巨大的构想。

大学俱乐部的晚宴一结束，摩根就迫不及待地将施瓦布邀请到坐落在华尔街角落的办公室里，并且破天荒地同他一直恳谈至深夜。没过几天，施瓦布在由盖兹帐下转投摩根阵营的律师加利的大力邀请下，再次在纽约受到摩根款待。

后来，卡内基又重整旗鼓，发表全面扩张计划：在伊利铁路沿线，建造价值达1200万美元的"国家钢管公司"。这个计划墨迹未干，马上又宣布在匹兹堡兴建新工厂，以及计划在匹兹堡到伊利间兴建新铁路，和宾夕法尼亚的铁路干线分庭抗礼。

卡内基从斯吉伯堡回来后，在纽约的圣安德鲁尔俱乐部与施瓦布打了一场高尔夫球后，两人走进卡内基别墅的书斋里，施瓦布趁着卡内基兴致正高，把摩根的意见转述给他，并提示卡内基可以自己定价。卡内基在一张纸条上潦草写下了："1.5。"

这段逸事，在卡内基和摩根的各自的传记中都有记述，并且内容都是一致的。

"如果是时价的 1.5 倍，我就卖！"卡内基这样指示道。根据卡内基的资料，公认的卖价是 3 亿美元或 4 亿美元。

而摩根那边指出："以 4 亿美元以上达成协议。"口气之大，令人咋舌。最后这场震惊钢铁业的大兼并以 4.8 亿美元的价格成交。要知道，当时联邦政府每年的财政预算也不过 3.5 亿美元。

不知什么缘故，这两个生平相互憎恨的金融界巨人，据说见面的机会却相当多，也许是"不是冤家不聚头"吧！

很凑巧，在买卖成交后的一个月，两个巨头又意外地在大西洋客轮的甲板上巧遇了。

"哎呀，原来是摩根先生。"

"哦，卡内基先生，别来无恙啊！"

"你欠我 200 万美元呢！"

"为什么？"摩根的眼睛瞪得有铜铃大，在这桩买卖上，他可没少花钱，甚至可以说没占什么便宜。

"卖给你太便宜了啊！"卡内基回答。

"啊，原来如此，那么，我就付你 200 万美元。不过，有一个附带条件。"

"条件？"

这回轮到卡内基瞪着他那双牛眼了。

"以后，不论在哪里碰到你，都不跟你说话。"

1901 年 4 月 1 日，愚人节的那天，简称为 US 钢铁的美国钢铁公司正式成立，并举行了盛大的新闻发布会，此时公布的新公司的资金为8.5亿美元。

美国钢铁公司的成立成为世界头条新闻,"亿美元托拉斯"的成立使得罗斯福的就职庆典黯然失色。

接着,摩根和他的合伙人又买下了被施瓦布列入收购名单上的其他企业,而且基本上没有讨价还价。其中包括盖兹的美国钢铁与线材公司,而莫尔的企业也没能逃脱摩根的手掌。

1个月后,举行了第二次发布会:"US钢铁拥有10.18亿美元的资本金。将发行3.01亿美元的新公司债券和11亿美元的股票。"

这是美国历史上第一个拥有资产超过10亿美元的大工业垄断企业,所以气势非凡,一成立就控制了全国钢铁产量的一半以上,年产钢铁达700万吨。

印第安纳州参议员阿尔伯特·贝弗里奇称摩根为"人类迄今为止最伟大的、富有建设性的金融家"。

著名的历史学家亨利·亚当斯说:"摩根显然要把太阳吃掉。"

耶鲁大学校长亚瑟·哈德利则预言,除非美国政府制约不断发展的托拉斯,否则美国将在25年里看到华盛顿出现一位皇帝。他的预言后来实现了,当然不是出了一位皇帝,而且美国政府采取有关反托拉斯法案大力打击垄断企业和行为。

一天,刚刚就任US钢铁总裁的加利,紧盯着摩根,说道:"我们非得购买洛克菲勒的五大湖铁矿不可,否则将会出现原料不足的危机,况且那里的钢铁品质高居世界第一位呢!"

"这我知道,问题是,要如何购买呢?"

"请您和洛克菲勒见个面。"

"我不喜欢那个家伙。"

加利表情严肃地说:"摩根先生,这么一个钢铁大联合,可以说是美利坚合众国的历史性的伟业,个人的恩怨成见不应当介入这么巨大的企业之中。拜托!请您抛弃那些微不足道的成见,去和洛克菲勒见面,买下那丰富的铁矿山吧!"

"知道了。我只不过说我讨厌那人而已。你误会了,加利先生。"

摩根好像要将东西吐掉似的说,然后,就真的将嘴里的雪茄烟的渣子吐到了地板上。

与洛克菲勒之战

1901年9月6日，再次当选总统的麦金莱在出席布法罗泛美博览会时，被一名无政府主义者开枪射伤，8天后，麦金莱在布法罗去世。他是美国立国后被刺身亡的第三位总统。

这一天，就要离开办公室前往码头乘坐"海盗3号"出航的摩根被成群的记者围住了。

"总统被暗杀了。"一位记者告诉他。

听到这个消息，摩根马上回到了办公室。据说他脱掉外衣后仰天长叹："这是我生平听到的最悲痛的消息！这种事怎么可能发生？"

麦金莱对美国资本主义的建立确实是立下了汗马功劳的。他通过美西战争扩张领土；对内，实行对输入品课以重税的保护政策，对外，要求各殖民地门户开放，以掠夺市场。同时，他也是对大资本的独占垄断协助最积极的共和党总统。

摩根，这个在US钢铁大合并后被称为"华尔街朱庇特"的大财阀，在听到麦金莱遇害的消息后竟哀叹这是他生平听到的最悲痛的消息,这是可以充分理解的。因为摩根刚刚有了一个宏大的蓝图,企图以 US 钢铁为核心,建立一个超过洛克菲勒的大托拉斯。然而戏的剧本刚刚完成,这个重要角色,这个大资本家的积极拥护者麦金莱总统却突然死去了!

"副总统老罗斯福会不会升任呢?这个受民主党支持的改革派!"摩根一脸不悦地自问自答着,在室内踱开了方步。

时年 42 岁,人称"老罗斯福"的西奥多·罗斯福如今的名声是如日中天了!他是一位超党派、年轻的自由派共和党人,因支持克利夫兰民主党而闻名,他曾经是一个西部牧场主;也曾作为一名骁勇的军官率领着他的"悍马骑兵队"驰骋于美西战场;在纽约做警察局局长时,又是一个彻底清肃贪污腐败的"肃清鬼";当上纽约州长后,对大企业课以重税,简直视它们为眼中钉。

"这个讨厌鬼要当总统了,我们要倒霉了!"摩根惶惶不可终日,一筹莫展。

"算了,担忧也于事无补,还是再盘算一下加利说的购买洛克菲勒的梅瑟比矿山的事吧!"摩根自我安慰着,定下心神。

梅瑟比矿山在明尼苏达的五大湖畔,是全美最大的铁矿山,藏量 5000 万吨。原来是由当地叫梅利特的五兄弟开发的,矿石品质比摩根自己占有的矿山的出品还要优良,居全美之冠,所以加利提议一定要买下来。

洛克菲勒购得梅瑟比矿山,纯属偶然。当梅瑟比矿山为铺设搬运矿石的铁路而发行公司债券时,洛克菲勒在他人的怂恿下,购买了 40 万美元债券,这之后这些债券就一直搁置着。在洛克菲勒的一次个人财产整理中,一个叫佛烈德里克·盖兹的牧师却异常清楚梅瑟比矿山的潜在价值。

作为洛克菲勒个人财产管理人的盖兹牧师,跟"百万赌徒"盖兹是完全不同的一个人。

头发全都掉落成秃头的洛克菲勒住在哈得逊河畔的波玖迪克别墅,经常暗中打电话与华尔街联络,对股票的交易颇感兴趣。他没有买到过大捞一把的股票,但受骗上当购买不可救药的股票的情形却发生了不少,于是他雇用了盖兹,这个善于经营管理而且守口如瓶的牧师做他私人财产整理人。

盖兹脱掉黑色牧师制服,摇身变成一个精明的事业家。他毫不留情地把经营赤字企业的股票统统卖出。并对金山、银山、铅矿山的股票及纸浆股票进行整理,对可以挽回的股票施加某些策略,最后留下14家企业股票。他这样对洛克菲勒报告:

"梅瑟比矿山品质优良,藏量丰富,是世界上最好的铁矿山,不久,它将满足全美60%的需求。"

摩根将脸上的阴霾一扫而光,兴高采烈地来到公司,召来US钢铁总裁加利说:"今天早上我和洛克菲勒碰面了!"

"您能买到梅瑟比矿山吗?"

"早着呢!我是去问他开价多少?"

"结果如何?"

"他叫我自己开价。要是你会出多少钱,加利?"

"卡内基那边的佛里克曾要以500万美元买下这座矿山,您猜洛克菲勒究竟用多少钱买到它的?"

"多少?"

"50万美元。"

摩根似乎被触动了,他"哼"了一声,什么也没说。

这天一清早,摩根就来到西区54街拜访洛克菲勒。两个人彼此都很面熟，尽管只见过一面。他们曾经在洛克菲勒的弟弟威廉的酒宴上见过面。经人介绍后，当时他们只是轻轻握了握手，没有说过一句话。

摩根被请到客厅里，他没有寒暄，直接切入正题："我想购买梅瑟比矿山和五大湖的矿石输送船。"

"都买下？果然……"戴着假发的洛克菲勒就此打住。

"您到底要卖多少？"摩根穷追不舍。

"哦，梅瑟比矿山嘛，我已经交给我儿子管理了，我现在不管事了。待会叫他去华尔街拜会先生。"老头子装聋作哑。

小洛克菲勒先后进入名牌大学耶鲁和位于罗德岛州的名校布朗大学就读。小洛克菲勒在大学四年级时就是足球队的经理了。每当举行足球对抗赛开始，身为石油富豪的老洛克菲勒就会出现在边线上，指手画脚地提出比赛战略。

小洛克菲勒创下了卓越的经营实绩，他消除了球队累积下来的赤字并转亏为盈。但他并不是用父亲的钱投入球队来获得成功的，而是凭着节俭、刻苦来求得发展的。他让那些吃惯牛排的选手自己做饭吃，转移比赛地点时，他也要求队员们自己带用具。因为这种节俭与刻苦，他名噪一时。

小洛克菲勒进入公司后，突然被晋升为新泽西标准石油的副总裁。

从那时起，人们就把"新泽西标准石油"简化了。而在公司里，他被称为"小洛克菲勒"，没人叫他"约翰"或"杰克"。大概是因为尊敬"实力社长"亚吉波多吧，从两年前他进入副总裁室起，对于标准石油的经营他始终保持缄默。但他并不是一个闲人，一个默默地坐在副总裁室里的闲人。

小洛克菲勒并非是等闲之辈，他开始插手华尔街的股票，甚至瞒着他父亲和亚吉波多。不幸的是，被称为"华尔街之狼"的小洛克菲勒在激烈的竞争中惨败。

他回忆道："我硬着头皮向父亲报告。父亲一言不发地从头至尾听完后，开始仔细地询问。最后，他对我说：'我明白了，杰克，仅这一次，我来收拾残局！'他没有责骂我，大概是要我好好反省吧！"

小洛克菲勒接到父亲指示后来到了摩根公司，一番寒暄后，他从容地挺挺胸，开门见山地说："摩根先生，我此行不是为了卖梅瑟比矿山而来。"这话大出摩根意料之外。

"那——你来这儿有何贵干呢？"

"家父要我转告您，对于您的梦想，他无意阻挠。"摩根大惊，转念一想，这位老兄的话未必可信。

于是他单刀直入："你们到底要卖多少？"

"7500万美元。"小洛克菲勒淡然地说出了谁也料想不到的庞大金额，接着补充："价款必须用US钢铁股票支付。"

自从创建US钢铁后，摩根在华尔街多了一个绰号——"朱庇特"。在罗马神话里，朱庇特是"天之主神、众神之王"的意思。此刻，这位"朱庇特·摩根"心中，陡然涌起一种冲动："卡内基也要求US钢铁股票，这洛克菲勒的后代也想攫取我的股票吗？"

这一刹那，他完全陶醉在胜利感之中了。当然，这种感情丝毫也不会表露在他脸上。

摩根伸出右手，默默地却又是坚定地握住这年轻人的手。小洛克菲勒也握住他的手。"转告令尊：今天的美国必须由东部的新领导阶层这一来自纽约的巨大力量来推动！新的时代来到了，我们必须共同谋求信任，我的海盗船俱乐部随时对你和你的叔父威廉敞开。"

对于摩根在金融业的呼风唤雨，以及在铁路、钢铁等行业上的一系列兼并和收购行为，《华尔街日报》写道：

上帝在公元前4004年创造了这个世界，摩根在1901年重新组织了这个世界。

反击铁路收购战

1901年,事业处于鼎盛时期的摩根却遭遇了一场激烈收购战。

5月初,正在法国东南部著名的温泉疗养胜地埃克斯度假的摩根突然收到从纽约摩根银行发来的一份急电。电文中说,摩根的竞争对手趁他出国之机发起了一场铁路收购战,目标是他名下的北太平洋铁路公司。

摩根有些吃惊,在这个时期,敢对摩根集团发起主动挑衅的实在是少之又少。何况太平洋铁路公司从感情上对摩根来说不是一个普通的企业,他和这个公司拴在一起已经整整20年了,他为这个企业付出了很多的心血。

太平洋铁路公司历史上多次陷入困境,在1893年还因狂热的扩张而陷入负债累累的境地,摩根都极力挽救它,一次次从破产的边缘上把它拉了回来。

1896年,在摩根的主持下对其进行了重组,太平洋铁路公司开始展现出勃勃生机,发展势头一直良好。

摩根和他的合伙人虽然控制着太平洋铁路公司的董事会，但他们只拥有该公司不到50%的股份，他们没有想到会有人从他们手上抢一条价值近1.6亿美元的铁路。

向金融巨头发动突袭战的是华尔街一位有名的富翁爱德华·哈里曼，他经常狂妄地称自己为"美国的拿破仑"。这个其貌不扬、靠投机起家的前股票经纪人长期以来与摩根不和，并与摩根家族冲突不断。

哈里曼控制着好几条铁路线，其中联合太平洋铁路效益最好。这条铁路原本属于乔伊·顾尔德，后来因为顾尔德卷入信贷丑闻，被哈里曼趁机收购。哈里曼不仅是投机场上的好手，也称得上是铁路经营的天才，一条经营困难的铁路，他总有办法使其盈利。

收购联合太平洋铁路后，哈里曼重修了铁路，合并了一些重复路段，在随后中西部农产品运输的带动下，这条线路起死回生，源源不断地为哈里曼增加着财富。

1899年年底，哈里曼准备收购一条长约12000千米、被人们称作"芝加哥—伯灵顿—昆西"的铁路，这条铁路通往美国中西部伊利诺伊州的芝加哥，对于打通大西洋沿岸运输线具有重大意义，而且能否获得该条铁路的经营权也直接影响到哈里曼在美国铁路业界的地位。

更具有现实意义的是这条铁路在其主要股东詹姆斯·希尔的大力整顿下，运力提升，致使联合太平洋铁路公司的业务出现分流，所以收购这条铁路可以达到一箭双雕的目的。

希尔是大北方铁路公司的实际控制人，也是摩根在北太平洋公司的合伙人。哈里曼向希尔提出收购昆西铁路，自然被希尔断然拒绝。

1900年年初，虽然哈里曼做出了种种努力，但他还是失败了，希尔找到摩根寻求支持，并最终联合摩根共同取得了对昆西铁路的绝对控股权。这件事让哈里曼更增加了对摩根的仇恨。

在此以后，心有不甘的哈里曼开始准备实施一个拿破仑式的报复计划。他决定将收购级别提高，通过收购北太平洋铁路公司来控制昆西铁路，解除威胁。这真是一个极其大胆的想法，甚至有些"蛇吞象"的味道。

当然，哈里曼自己也知道，要想打败摩根恐怕连10%的希望都没有，但满怀仇恨的哈里曼决心孤注一掷，以前投机生涯的成功也让他心存侥幸，想再试试自己的运气。

哈里曼知道，只要获得51%股票就可以控股北太平洋铁路公司，由于他不可能得到北太平洋铁路公司董事们的支持，所以收购的主要渠道就是到华尔街的股票交易所去购买这家公司的普通股。而在3月底，北太平洋铁路公司的股票就已经到了每股90多美元的高位，获得控股权在此时简直是有些异想天开了。

哈里曼为了筹集到足够的资金，他找到了合作已久的库恩—罗布公司的总裁希弗和国家城市银行的总裁詹姆斯·斯蒂尔曼，在哈里曼收购联合太平洋铁路时这两个人就曾经帮助过他。正是在他们的协助下，哈里曼对联合太平洋铁路公司的改组才取得成功。哈里曼的这个计划再一次得到了希弗和斯蒂尔曼的支持。

这两个人敢于出面帮助哈里曼和摩根一直在华尔街遭人妒恨有关。因为摩根的不断膨胀的资本和势力，以及他高高在上的态度，许多生意上被他压制的对手都对他产生了极度的不满。正如希弗后来所说的那样，在针对摩根的突袭中，参与暗算他的人更多的是银行家而非铁路业的运营商。

以国家城市银行为首的一些财团之所以给哈里曼撑腰,是希望以此向全世界表明"摩根并非是美国唯一的银行家",同时也是对摩根那个"美国所有的银行家都像是我办公室里的办事员"的说法予以回击,目的就是为了"斩断摩根的翅膀"!

当得知摩根4月初远赴法国度假时,哈里曼觉得最好的时机来了,他们开始动手了!

坐镇指挥的哈里曼首先让希弗开始从股票交易所不动声色地悄悄购买北太平洋公司的股票,而此时华尔街的火热的氛围也掩盖了他们想要收购太平洋公司的企图,让摩根和他的财团措手不及。

当时,正在进行连任竞选的麦金莱总统承诺要给华尔街更多的发财机会,在这种情况下,大批投机者蜂拥而至,把纽约股市推上了一个历史新高。太平洋公司的股价在希弗等人不断吸纳下,也从4月1日的96美元上升至了22日的103美元,至30日该股票的成交量创下了330万股的新高。

哈里曼等人判断,在摩根这个最高决策者不在的情况下,北太平洋公司股票的异动不会引起摩根集团其他人的注意。事实果然如此,毫无戒心、负责管理摩根股票事务的罗伯特·培根甚至还趁着冲高,抛售了摩根的20000股以赚取丰厚的短线利润。

5月1日,北太平洋公司的股票价格已经涨至115美元。纽约证券交易所的其他股票也纷纷大涨,几天后的《纽约先驱报》评论说:"这是世界历史上金融投机活动最疯狂的一周。"

摩根此时正在法国疗养胜地享受着温暖的阳光和壮美的山色,丝毫没有料到危险正在一步步逼近。

5月3日,这天是星期五,希尔知道了公司股票大涨的原因,但告诉他真相的不是别人，正是此次突袭战的策划者和直接参与者希弗！而希弗把消息透露给希尔并不是希弗悬崖勒马或是幡然悔悟，而是要把希尔拉下水，给摩根以致命一击！

此时，希尔才恍然大悟，知道了是哈里曼在背后捣鬼。其实，在希尔加入摩根阵营之前，希弗一直和希尔关系很好，还有着密切的经济上的往来。希弗在向希尔透露了所有内情之后，非常诚恳地要希尔和他们一起"把摩根扔下船"，许诺收购成功后，让希尔出任公司总裁并分享包括联合太平洋公司在内所有公司的分红。

希弗软硬兼施，还用带有些威胁的口气告诉希尔："我们已经成功地从股票交易市场购买到太平洋公司80万普通股中的37万股和75万股优先股中42万股，已经基本实现了对太平洋铁路的控股，但因为我们很看重你的才干，所以邀请你加盟。"其实，哈里曼等人考虑的是只要希尔加入进来，那么加上他持有的股份就会轻而易举地扳倒那个一直看不上他们的摩根，所以才让希弗来说服希尔，拉他下水。

"嗯，我考虑考虑。"希尔平静地回答道。

希尔心里早已经做出了决定，就在希弗从他这里走了时间不长，希尔前往华尔街23号，找到摩根的合伙人进行商议，并立即给远在欧洲的摩根发去了电报。

摩根在星期六收到电报的当天稍加考虑，便立即回电："开市即购买太平洋公司15万股普通股。"

而在同一天早晨，身在纽约、还躺在床上的哈里曼感到阵阵不安，因为他考虑购买到的普通股尚未达到51%的控股数，如果摩根此时出手，他有可能前功尽弃！想到这儿，他立刻起身给希弗写了封密信，让他在中午收盘之前再买进 40000 股普通股。

但是希弗并没有执行哈里曼的指令，也许他认为他们买到手的股票已经足够多了，也许他认为希尔不会放弃开给他的优厚的酬劳，会倒向他们这一边，也许他想等下星期一开始再说，反正他没有买。

如果那天希弗买入了足够数量的太平洋公司股票，他们就会成功地控制这条铁路，也就不会发生后面的市场恐慌了。

5月6日，星期一。摩根的反击战打响了！

大批摩根集团的经纪人纷纷拥入纽约和伦敦等地的股票交易所，购买能够买到的所有北太平洋公司的股票。而那些嗅觉灵敏的短线投机者也加入了抢购的行列。

当天收盘时，纽约证券交易所的太平洋公司股票价格以127.5美元报收。星期二则最高冲到149.75美元，收于143美元。至收市，摩根银行两天合计购进了15万股太平洋公司普通股，动用资金高达2000万美元。

5月7日，多日暴涨的股市开始回调，太平洋公司股票仍然稳步上升，不明真相的投机者认为，它不会一枝独秀，所以开始大量放空太平洋公司的股票。

5月8日，星期三，纽约证券交易所出现了令人震惊的一幕：几乎所有股票都在狂跌，只有北太平洋公司股价还在以惊人速度飙升，之前放空太平洋公司股票的投机者开始纷纷以高价买回之前卖出的股票。

星期四，股市雪崩。摩根刚刚重组的联邦钢铁，股票从40美元跌至26美元。

而在不断出现的各种传闻下，北太平洋公司股票成为稀缺之物,以至于出现不计成本的疯抢。在新的购买者和空头回补者的推动下冲到了令人瞠目结舌的 1000 美元!

大批放空太平洋公司股票的人因为买不到股票用于回补,陷入了极度恐慌之中。

太平洋公司在股票市场上的收购战震惊了纽约证券交易所!

纽约证券交易所混乱不堪。

《纽约时报》写道:"购买太平洋公司股票的经纪人像疯了一般,如果谁声称有该公司的股票,就会立刻被包围。身材高大者将矮个子挤到一边,矮个子们愤怒地叫嚷着,重新冲入混乱的人群之中,远处农产品交易所走廊里的人们不解地看着这个可怕的景象。"

如果无法获得股票,数以百计的空头将会破产,那样就会放大市场持续下跌的风险,纽约股市将毁于一旦,后果不堪设想。

星期四这天,结束疗养的摩根赶到了英国伦敦,他发现纽约股市危机已经开始影响到了这里股市的安全,这里同样出现了恐慌,他有些担心了。

第二天,在得到了摩根的认可后,希尔和哈里曼代表双方财团协商决定,在纽约和伦敦两地的股票市场宣布延期交割购买的北太平洋公司的股票,双方将进行谈判和平解决控股权的问题,并以每股 150 美元的价格抛售足够数量的股票以供短线空头投机者回补。

纽约和伦敦股票市场面临的一场空前的金融恐慌终于消退了。

后来摩根的妻子在日记中写道:"华尔街所发生的事情真是惊心动魄,尤其是北太平洋公司和联合太平洋公司之间发生的一切。"

当股票市场平稳后，希尔和摩根的合伙人一起继续悄悄地在伦敦股票市场购买太平洋公司的股票，直至占52%的股份时才收手。

而希弗却因首先挑起事端受到各方的指责，这里面也包括当初支持他们的人，因为股市受到此事影响而扩大了跌势，那些人始料未及，亏损累累，所以调转枪口纷纷向哈里曼等人发难。

5月中旬，希尔电告各地的合伙人说："我们已经把敌人打得落花流水，溃不成军！"

后来，希弗还为此事向摩根发去了一封道歉信，信中称：

> 我和我的合伙人愿意并努力维护您在业界的地位和尊严，库恩——罗布公司和联合太平洋公司完全愿意按您的建议去做一切事情，从而建立一个能够确保各方利益的永恒机制，并根除一切可能导致冲突和对立的祸根。请相信我们吧，祝愿您休假愉快！

多年以来，摩根一直试图创建一个由美国西北部铁路组成的"利益共同体"，以实现各个利益集团所控制的各条铁路之间的永久和平，这次危机为他实现这一夙愿提供了难得的契机。

由于后来大量持有太平洋公司股票的哈里曼等人愿意结束这种对立态势，向摩根提出和解，而这也正合摩根的心意。经过协商，各方同意组成一个大型的控股公司。

11月12日，事发半年后，一家名叫北方证券公司的大型控股公司在新泽西州宣告成立，拥有北太平洋铁路公司76%的股权和大北方铁路96%的股权，成为铁路巨无霸。

摩根自信地说："北方证券公司的规模这么大，我不相信有哪个人能够在一夜之间或一周之内彻底取得对它的控制权。"

摩根肯定不会想到，就是这家公司，很快就成了被攻击的目标，使他费尽心血建造的铁路航母瞬间土崩瓦解了。

12月31日，北方证券公司成立仅仅一个半月后，在明尼苏达州州长赛尼尔·范森特组织下，与相邻几个州的州长联合通过了一项决议，指责该公司"与美国政策相违背"，一致同意对北方证券公司进行司法指控。

1902年1月底，明尼苏达州正式启动了对北方证券公司的司法指控。

和罗斯福的抗争

　　1902年2月19日晚，摩根在他麦迪逊街219号的寓所举行了简单的宴会，参加的只有几位亲密朋友。

　　宴会进行间，电话铃声大作，把摩根召唤过去，接完电话回到座位时，他握着杯子的手因愤怒而微微发抖，满脸掩饰不住的气愤："司法部长诺克斯在罗斯福命令下提出无理控告，说北方证券公司违反反托拉斯法，必须解散，这个浑蛋！"

　　由控股公司所进行的个人股票的相互交换——由于这一漏洞，夏曼《反托拉斯法案》形同虚设，这件事已成为公开的秘密。麦金莱死后，罗斯福，这个美国史上最年轻的总统在2个月前他的第一篇国情咨文中，直率地将炮口对准了垄断性企业。

　　自从这件事发生以来，摩根就没有放松过警惕，但这天晚上的声明，还是令他震惊，不啻引爆了的一颗炸弹。

　　罗斯福是一个纽约的荷兰人的后裔，因立志成为博物学家而攻读于哈佛大学，接着因伤心于新婚太太的亡故而离开纽约到西部经营他的农场，这是一个年轻有为的人，一个思维敏捷、精力充沛的领袖型人物。据说他与约翰·肯尼迪极为相似。

在那篇引起轩然大波的咨文里他声称："资本过分集中是一种罪恶，即使不禁止，也必须对这种资本过度集中的垄断性企业联合进行严厉监视、管制。"

后来，同是纽约荷裔移民后代、他的远房侄子富兰克林·罗斯福在就职演说，也是那个著名的新政演说中指出："目前，表面上的物资丰饶掩盖了国民的异常贫困，造成这种结果的原因，是支配金钱交换的兑换所顽固、无能所致。"这篇演说，与严厉弹劾金融资本的老罗斯福咨文惊人地相似。

美国历史学家把老罗斯福比作接力比赛第一棒；第二棒是威尔逊；第三棒是富兰克林·罗斯福；第四棒是肯尼迪。大部分历史学家对这4位接力式的进步派总统给予极高评价。

"老罗斯福是独立之初汉密尔顿思想的继承者，把强化联邦政府权限作为执政目标，富兰克林与肯尼迪同样如此。"这种评价是极为中肯的。反汉密尔顿思想的里根却与他们截然不同，他缩小联邦政府权限，标榜自由主义的美国政策，是企业的拥护论者。

晚餐桌上，摩根严厉攻击罗斯福，他暴跳如雷："一定要把他从总统宝座上踢下来。"接着他又说："下一任总统是马克·汉纳！"

自从摩根组织 US 钢铁后，就开始一步步迈向垄断。虽然他估计从第一年度起可获得10%以上的利益，但他仍然采取搁置降低钢铁价格的方针。

US 钢铁根本没有降低价格回馈利益于大众的意思。它采用从东欧意大利及德国引进新移民的策略，巧妙避开美国劳工联盟准备用罢工来提高工人工资的攻势。然后将 US 钢铁资金 14 亿美元中占

1/7 的发起人分配基金装入自己腰包，开始倾全力来调解在太平洋西岸铁路争夺战中两位幸存者爱德华·哈里曼和詹姆士·希尔的争斗。

这场战争刚刚胜利，突然间，罗斯福的第一把火就烧到了北方证券公司。这可是摩根、哈里曼和希尔三者和解的产物呀！它的总公司在新泽西，它的控股公司控制通往西海岸6条铁路中的4条，是一个地地道道的企业合并大本营。

就在诺克斯提出控告后第三天，摩根晋见了总统，随同的是俨然已是他的参谋的共和党全国委员长马克·汉纳。

马克·汉纳与洛克菲勒是高中同学，他们曾一起躺在伊利湖畔的白沙滩上谈论着彼此的雄心壮志。当时，共和党跟大企业正眉来眼去，互相勾结，而马克·汉纳则可以说是对被暗杀的麦金莱总统最具影响力的共和党元老。

华尔街股票开始暴跌，情况岌岌可危！假如法院受理总统对摩根的控告而那个青年的罗斯福又胜诉的话，接着受到起诉的就不止北方证券公司了，这一点已至为明显！US钢铁及标准石油，还有其他托拉斯都将难逃法网，如多米诺骨牌般相继倒下。

据估计，当时全美各界形成的托拉斯资本总额高达130亿美元，所以，罗斯福攻击的对象不只是摩根。此时的美国企业界人人自危，一片恐慌，真是"山雨欲来风满楼"！

摩根与年轻的总统面对面坐着，马克·汉纳介于其间，神情诡异的司法部长诺克斯则坐在总统的稍后方。

"您为什么径自提起诉讼，却不事先通知当事人我。"摩根满嘴火药味。跟他的前任相反，人高马大、胸膛异常宽厚的罗斯福并不惧怕纽约金融界。控诉提出后的当夜，雪片般飞来的表示支持的投诉与电话更使他信心十足："我才不事先通知呢！古巴出兵以来，我的一贯方针就是决定后立即执行！哈哈哈……"年轻的总统挺起他的胸膛大笑。

他并没有通知包括麦金莱政权时代的国务卿海约翰及陆海军部长在内的一切阁员，只命令司法部长诺克斯发布。他还设立了通商劳工部以便政府介入企业与劳工间的纠纷，不过这一工作是秘密开展的。

"总统如果认为我们的企业违法，请司法部长同我们的律师互相协调不就可以了吗？"

"不，不可以！"总统斩钉截铁地将摩根的抗议重重顶了回去。

"我们要禁止垄断，因为它妨碍了自由竞争，这不是协调可以解决的。"诺克斯插嘴道。

"原来如此！总统是准备发出解散 US 钢铁的命令喽！"摩根狠狠地说，露出了敌意。

"不！除非抓到 US 钢铁违法的证据，我绝不会命令有独占嫌疑的企业解散。"总统坚定地说道。

白宫里的会谈终于破裂了。摩根与马克·汉纳头也不回地扬长而去。同时他还在心里盘算，下次大选一定要推出马克·汉纳。但他怎么也想不到，下次大选开始时，马克已经病入膏肓了。

送走客人，总统回头对诺克斯笑道："这就是所谓华尔街朱庇特所想的！他把堂堂美利坚合众国总统当作他的一位投机竞争对手！把我当成要毁掉他公司的人！一旦情势于他不利，便提议妥协了。"

"妥协吗？"

"不！因为屈服的不是我！"总统毅然回答。究竟会鹿死谁手呢？

当麦克阿瑟还只是一个刚从军校毕业的中尉时，他曾经做过老罗斯福总统的秘书。

"您如此受到人民的爱戴，原因是什么呢，总统？"麦克阿瑟曾经这样问。

"把民众心里说不出的苦恼替他们表达出来，这就是原因。"总统平静地回答。

当时，女新闻记者艾伊达·特贝尔曾写了本畅销书《标准石油的历史》，此外，同类的书还有社会主义者辛克莱著的揭发芝加哥牛肉托拉斯丑闻的小说《业林》，还有揭露糖果托拉斯将骨粉掺入椰子巧克力的丑闻的小说，这些小说的陆续出版，标志着"揭发丑闻时代"——国民觉醒时代的到来。

趁着这个时机，罗斯福大肆攻击支持共和党的独占资本家，在这场选举大赌博中押下了大赌注，以争取一般大众的选票。

1902年是中期选举的一年，各小选区众议员都必须更换，这样，争议的焦点自然就集中在关税变化和企业独占上了。

"这是一个垄断的时代，垄断从钢铁、石油、小麦直至砂糖和威士忌！夏曼《反托拉斯法案》到底哪儿去了？这当初受到民众支持并经议会通过的反垄断法律，而今却成为大财阀的凯旋门。"罗斯福敏锐地感觉到这股沸腾的反托拉斯浪潮，将炮口对准了摩根。

白宫会谈破裂后，US钢铁马上召开紧急干部会议，决定禁止加利总裁访问白宫，只因为他与罗斯福私交甚厚。

1904年3月14日，联邦最高法院终于宣布司法部长控告北方证券公司一案终结。9名最高法官表决结果，5∶4，总统的控告获胜，摩根败诉了。北方证券公司这个托拉斯航母最终没能摆脱被解散的命运。

1904年正是大选之年，总统跟共和党之间发生了巨大变异，这是只有美国才有的变异，令人摸不着头脑。共和党选举委员会的捐献金钱资助总统选举名单通过新闻媒介公之于众，弄得美国民众百思不得其解。

罗斯福获得了庞大的政治捐献金，那就是金融界提供的210万美元，这在当时，数目是异常庞大的。

乔治·顾尔德，这位继承先父北太平洋铁路股份的大垄断资本家，提供了50万美元，罗斯福为什么要接受这位与太平洋铁路股票有关的人的捐献金呢？炮轰摩根的罗斯福形象受到了损害！更令人疑惑的是摩根公司捐献了15万美元，标准石油也捐献了10万美元。

而焦炭大王亨利·佛里克，这个跟卡内基断然分手、执着而毫不妥协的原卡内基钢铁总裁，竟成了摩根的代言人，这又越发使人感兴趣了。

"即便是强大的罗斯福，也因害怕竞选失利而同我们妥协。我们是因为他保证不对铁路和钢铁企业动手才提供政治捐助的，但他并不守约！他让我们白花了钱，总统是不能收买的，事实证明。"佛里克公开指责白宫。

"摩根撒谎！"罗斯福发表声明断然否认。

华尔街显然支持摩根，那里传出这样一首歌谣："据说除了罗斯福，全美都撒谎。挺着宽胸脯、来来回回撒谎的总统，是铁打的吗？不，他只是看来如此，其实只是个泥人……"

美国政治与财经，向来都是作幕后交易的，但这种交易的实质是什么呢？没有人弄得明白。这大概也是古今中外无法避开的大疑团吧！

"我们不是要毁灭大企业，巨大的企业对于近代工业的发育成长，具有不可缺少的作用。我们不是要对大企业进行冲击，而是要去除随之而来的各种坏处。"总统咨文中如是说。再明显不过了，总统妥协了！

讨伐垄断企业，这是老罗斯福备受称赞的一手，被称作"公正的政治"，但似乎热衷于企业垄断的摩根也并没有受到不公正的对待。

爱好收藏艺术品

摩根的收藏爱好也许是受到了父亲吉诺斯的影响。

当初,对于富人来讲,收藏是一种时尚。有钱的吉诺斯"闲来也搞搞艺术品收藏"。尚未成年的摩根在城里时经常和他去逛画廊。吉诺斯家像个博物馆,墙上装饰着16世纪的西班牙绣品,拱顶镶银,还收藏着许多艺术家的油画。

吉诺斯收藏的艺术品中有绣品,有油画,藏品横跨几百年。但吉诺斯收藏艺术品还不是大张旗鼓,也还没有达到疯狂的地步,这或许跟他生活的时代有关。

摩根的父亲生活的时代正是19世纪工业革命的大变革时期,铁路、钢铁获得前所未有的大发展。快速增长带来不稳定,也需要大量资金融通,这也注定了从事银行业的人无暇顾及更多的艺术品。

而当年和父亲经常去逛画廊的摩根,日后在艺术品收藏上的成就远远大于父亲。

在1902年的夏天时,摩根已经把大部分日常生意往来交给纽约和伦敦的合伙人去处理,而他则继续完成他的一直未能得到充分满足的收藏爱好。这不光是出于对历史的兴趣,也许还有对那些艺术品的占有欲。

就在控制力达到"巅峰"的20世纪初期,摩根对收藏的热爱也达到了"疯癫"的程度,人们想到的、想不到的,都成为了他收藏的对象,他似乎想得到世界上所有美丽的东西。

这位后来被美国收藏界公认为史上"第一藏家"的华尔街"玩主",不管是早期的作家手稿、印刷的书籍,还是中世纪的珠宝、油画、头盔、武器、瓷器、雕塑、装饰品……全部是他的爱好所在。

摩根横扫艺术品的气势无人能敌,一次,他在给姐姐的信中写道:"希腊古董我已经收集得差不多了,现在我的兴趣转向了埃及古董。"

摩根每每看到精美的艺术品,就会不假思索,甚至可以说是不由自主地掏出大把的钱来。他对收藏的疯狂和痴迷,除了审美取向之外,更大的动力来自于他的一个信念,就是为美国网罗到世界上最完美的艺术品。

1902年初春,摩根在伦敦买了一幅挂毯和15世纪意大利雕刻家多纳泰罗的一尊大理石浮雕,还有一些人物画像和路易十五、路易十六的金质和珐琅质鼻烟盒,还有一幅16世纪初的丢勒的画作以及一组青铜收藏品,还有包括《威尼斯之石》在内的约翰·罗斯金的手稿;4月,他在巴黎买了一座精美珍稀的18世纪的长壳钟;5月又通过法兰克福的一位商人购买了德国17世纪的金质收藏品。

其收藏的重点依然着眼于手稿原迹、历史性的书本，以及名家的素描。摩根生前除了对意大利和欧洲北部文艺复兴的大师的作品具有浓厚的兴趣外，也收藏了相当丰富的历史器物，其范围从3世纪至19世纪，而且内容十分多样化。

一个金融界人士在给摩根合伙人的信中说："摩根先生在收藏上的所作所为真让人吃惊，听说他为了得到想要的东西经常付出闻所未闻的天价，对于这种行为，唯一的解释是他的脑袋出了问题。"

确实，摩根在一些比较重要的艺术品上并不计较开销。1902年年中，他的脑袋再一次"出了问题"，他以70万美元的价格购买了英国曼彻斯特一个私人图书馆。该图书馆收藏了大量珍贵无比的手稿和600多本早期印刷的书籍。

开始时，摩根把大部分收藏存放在英国，其中一部分借给了几个博物馆，剩下的都存放在他父亲原来住过的英国伦敦的住宅里。这是一座新古典风格的五层楼，位于骑士桥附近的王子门13号，面临海德公园的南端。

其实，因为买的收藏品，尤其是书籍过多，他在麦迪逊街219号的那栋豪华住宅已经放不下了，甚至有一些被存放到了酒窖里。摩根在一年前就开始考虑筹建一座私人图书馆。

1902年3月底，他找到了当时著名的建筑师查尔斯·麦基姆，这时摩根已经买下了219号到公园大道之间、36大街北侧的地块。他请麦基姆利用这块地设计一座私人图书馆，并要求图书馆要有简洁和古典的风格，还要有一个花园。图书馆不仅要为随时增加的藏书留有足够的空间，还要为他设计有一间私人书房，用以会见合伙人、艺术品商人或是其他一些朋友。

麦基姆为能得到摩根的信任感到十分高兴，他极其认真负责，在设计和建筑的整个过程里呕心沥血。在整个建筑过程中，摩根表现出了极大的耐心，亲自监督建筑师和室内设计师工作，并过问设计和建造过程中的每个细节。

在这个过程中，摩根又提了一些建议，比如，在图书馆和附属建筑物之间能有更多的阳光和空气，所有建筑物不要超过12米；最大限度地利用内部空间等。摩根经常利用早饭时间与麦基姆沟通。

摩根要的是最好的工艺和材料，从仿古的木质天花板、罗马的大理石地板到天青石柱子等，他都是事必躬亲。

在图书馆的建造过程中，摩根还在继续增加他的藏品。

1903年5月，他从一个德国商人那里买了一部非常重要的画册手稿和几件意大利陶器。其中那本画册是微型画家乌里奥·克罗维奥于1546年为罗马教皇保罗三世的孙子画的，历时9年才画成，极富历史意义。摩根对那本画册极为珍视，只有重要的客人才能见到它。

在收藏的过程中，摩根还陆续将一些藏品捐给了几个博物馆。1902年他捐给纽约大都会博物馆2000件中国瓷器。

1904年年初，摩根当选大都会博物馆董事会副主席。在秋天当上主席后，摩根改变了博物馆的定位。从那时起，博物馆不再接受那些达不到专业水准的捐赠品。这不仅是为了利用有限的空间收藏并展出那些珍贵的藏品，尤其是按照艺术品的历史把不同国家、不同时期的杰出作品集中起来展出。

在摩根担任主席后不久,博物馆的馆长去世。1905年年初,董事会聘请英国伦敦一个博物馆的馆长担任大都会博物馆的馆长。

大都会博物馆的工作并没有减慢老摩根私人收藏的步伐。

他又收购了一些画作和瓷器,还不慎买了一件意大利被盗的文物,后来他还给了意大利。为了展示逐渐增多的收藏品,摩根在1904年买下了与伦敦王子门13号住宅相邻的房子,他让人将两幢房子的内墙打通,把下边两层改成画廊。

1905年夏天,麦基姆因为图书馆的建设劳累过度患上了神经衰弱,医生要求他必须休息。但考虑到图书馆马上就要竣工,所以麦基姆并没有按医生的要求休息很长时间,这也为他两年后的不幸去世埋下了祸根。

1906年年初,图书馆终于建成了。麦基姆欣慰地告诉朋友:"摩根先生对图书馆的建设非常满意。"

落成后的图书馆是一座意大利式的建筑,既华丽又庄严,本身就是一件了不起的艺术品。第三十六街的入口处是一条宽敞的大理石阶梯道路,两边各有一只狮子雕塑。图书馆的外观采用简洁的古典设计,以取材自田纳西州的粉红色大理石来构建外墙,正门是圆拱式及双廊柱的16世纪的罗马风格。

室内的圆形大厅和图书馆圆拱顶天花板,配合着这种风格,以杂色大理石的镶嵌来强调其肌理;又以青金石的廊柱和斑岩的地板作对比,显得辉煌壮丽。此外还请名师仿做了不少拉斐尔式的壁画,以及古典的宗教圣像浮雕,使图书馆成了集古代至文艺复兴艺术与思想于一处的博物馆。

图书馆最初预算是 85 万美元,但是至 1906 年落成的时候,总共花了 120 万美元。

图书馆落成之后,摩根每天都要在他的私人书房里待上半天。在这里,老摩根可以从现实的商业纷争中解脱出来,大门一关,似乎把所有家庭和社会的凡人琐事挡在了外面。"他舒舒服服地待在自己的图书馆里。"有人给图书馆起了个绰号叫"摩根分行"。

摩根图书馆实质上是一家收藏丰富的博物馆,由于该建筑的非凡特色和价值,后来这所图书馆被誉为纽约市中心的一块文艺复兴的瑰宝。

身体每况愈下的摩根,自感大限将至,为完成为祖国淘回艺术瑰宝的夙愿,他开始将散放在伦敦等地的"外籍"藏品陆续运回美国。这出于两个考虑:一是摩根希望将所有藏品集中捐给国家;二是如果收藏品在他死后仍留在伦敦,那么继承人将承受高昂遗产税负担。

1909 年以前美国关税高得令人咋舌,但美国毕竟是摩根的"老巢",通过对政客的游说,百年以上艺术品免征关税的法令一路绿灯,顺利获得通过。

就这样,成千上万的艺术珍品被打包运回美国,一分税钱没上缴不说,海关还选派业务骨干亲赴伦敦,协助摩根办理通关事宜。可是,问题又来了。

捐赠给国家这话好说,操作起来就不那么容易了。

这么多无价之宝,全部捐给国家可以,但摩根希望得到国家和社会的认可,因为他更看中的是面子和尊严。

于是，摩根提出了三点要求：一是所有藏品全部集中在一起；二是藏品全部馈赠给大都会艺术博物馆；三是纽约市专门为摩根的藏品修个展厅。

这三点虽然没有什么出格之处，可时机不好。当时树大招风的摩根财团正在接受反垄断方面的调查，处于腹背受敌的情势之中。

结果，三点要求一出，一些报纸和政府官员便指出摩根有树碑立传之嫌。

唯我独尊的摩根感到本意"为国收藏"的他，此时被国家和国民抛弃了。他非常愤怒，于是表示："政府再也得不到这些收藏品了。藏品怎么处置我不管了，留给杰克来作决定。"

率众拯救华尔街

1907年，纽约一半左右的银行贷款都被高利息回报的信托投资公司作为抵押投在高风险的股市和债券上，整个金融市场陷入极度投机状态。而美国的大型国家银行缺乏协调管理和共同储备，美国落后的银行体系就像旱季丛林中的一堆干柴，一旦发生挤兑，就会引发"火灾"。

在华尔街，两个投机者操纵一家铜矿公司股价失败，一家信托公司因此倒闭。正是这件不起眼的小事，却成了引发华尔街风暴的蝴蝶效应的翅膀。

当时全世界处在经济崩溃边缘，风暴中心是纽约金融区。

1907年3月25日，纽约证券交易所一片混乱，人们争相抛售手中的股票。尽管当时美国企业盈利创纪录，整体经济持续增长，但美国股市却一泻千里，股价大幅跳水，券商纷纷倒闭，纽约市政府无法发行债券。

一切现象表明，一场金融危机马上就要开始了。

1907年10月纽约人信托公司投机失败的消息终于引发了挤兑

恐慌，惊慌失措的纽约人纷纷开始从信托公司提出存款，银行挤兑风潮四处蔓延，席卷全美。

那段时间，华尔街到处是排队取款的储户。人们带着食物，披着毯子，在银行门外熬过整晚，以便第二天抢先取钱。一个叫悉尼·温伯格的人突发奇想，替人排队赚取佣金，每天能挣10美元；另一方面，为了减少提款额度，避免关门大吉，信托公司和银行要求柜台出纳员在数钱时故意拖慢节奏。

而吸收了6000万美元存款的纽约人信托公司可以筹措到的现金只有1000万美元，面对挤兑不得不关门。

其他信托公司也面临了同样的困境，而且恐慌蔓延到了股票交易所，金融机构回收贷款使股票市场的现金回流受阻，利率一飞冲天，活期贷款利率达到了100%，纽约证券交易所面临关门的险境。

1907年的危机同今天的危机有一个显著差异，当时美国没有中央银行，政府在危机面前束手无策，只得求助于银行家摩根，公众也意识到，要应对金融危机，摩根式的领导力必不可少。

当时，摩根正在弗吉尼亚州参加新教圣公会大会，加急电报像雪片一样飞来，他对主教说："他们在纽约遇到了麻烦，不知该怎么办，我也不知怎么办，但我就是要回去。"

此时的摩根已年届古稀，疾患缠身，将公司的日常经营交给了其子杰克。摩根意识到，关闭交易所会彻底打垮公众的信心。在这危急关头，摩根当仁不让，凭借其德望、实力与影响，率领纽约的银行家和工业家们，开始了拯救华尔街的行动。

10月24日上午，摩根登上一辆四轮马车前往自己位于华尔街23号的办公室，与他坐在一起的是他的女婿沙特利。当时全纽约的人都已经在各大报纸的头版见过摩根的照片，这些报纸称摩根为纽约市的大救星。

在去往下城的路上，有人瞥见摩根坐在马车中就会提醒路人。认识他的警察和马车夫们一看到他就高喊，"老头子来了"、"大酋长来了"，听到的人知道他们说的是谁，于是跟着马车一路跑，只想看一眼摩根。

在三一教堂附近，当人群知道车里坐的是谁时，立刻让开道路，越来越多的人跟随他们走着。他让人们如此兴奋，仿佛走在队列前面的将军，正挥师去解救一座被敌人围困的城市。摩根一直正襟危坐，目不斜视，似乎根本不曾留意兴奋的人群，但显而易见，他颇为欣喜。

曼哈顿下城，华尔街与百老汇交会处人头攒动。当摩根走下马车，登上摩根公司门前的台阶时，人群先安静下来，默默地为老摩根让出路，然后蜂拥向前。

走进大楼，摩根的办公室里已经挤满了人，他们绝望地想借钱。摩根径直走入自己的私人办公室，开始同等候在那里的纽约第一国民银行行长贝克、国民城市银行行长斯蒂尔曼以及其他几位银行和信托公司的官员召开紧急会议。

正当摩根和他的副手们开会之际，在距华尔街不远处，联邦财政部纽约分部大楼的门外停着几十辆车。在同摩根的合伙人乔治深夜会晤后，财政部长科尔特发表声明正式支持摩根，并提供2500万美元以增强流动性。

科尔特表示："令本人印象深刻的不仅是商业机构的稳定，本城商界巨子们无上的勇气与急公好义的献身精神尤令本人感动。"

星期四上午，人们大包小包地从联邦财政部分部大楼的金库里提取黄金和美元，存到科尔特指定的各家银行。与此同时，老洛克菲勒也拜访了摩根，提出自己乐于伸出援手。洛克菲勒将 1000 万美元存入联盟信托公司，并承诺，摩根如有需要，可再追加存款 4000 万美元。

然而恐慌已经扩散得更远了。纽约证交所发生了严重的资金短缺，券商们焦虑不已。上午 10 时，短期拆借利率还相当正常，大约在 6%左右，但上午晚些时候，有人愿出 60%的利息借钱却无人接盘。到下午 13 时，短期拆借利率达到 100%的极端水平。

"显而易见，诸多信托公司见到已有 3 家同行发生挤提，不禁杯弓蛇影，纷纷讨还借款，以期强化自己的现金头寸，导致市场流动性困难。"摩根的合伙人乔治观察到，货币市场已经相当吃紧，而信托公司将资金撤出市场更是雪上加霜。资金如此短缺，交易所里证券价格自然一落千丈。

下午 13 时 30 分左右，纽约证交所总裁托马斯带着一名助手火急火燎地来到摩根的办公室。当时室内已经挤满了同样忧心忡忡的人们，但托马斯顾不得那么许多，径直挤上前来，说道："摩根先生，我们将不得不关闭交易所。"

"什么？"摩根转过头来，不解地问道。

"我们将不得不关闭交易所。"托马斯又重复了一遍。

"正常的关市时间是几点？"摩根问道。

"下午 15 时。"

"在下午 15 时之前绝不许关市，提前 1 分钟也不行！"摩根声若洪钟，一字一顿，手指指向托马斯。

托马斯解释道，除非在极短时间内向交易所注入资金，否则会发生大量破产。摩根表示自己将立即采取行动安排贷款，将托马斯打发回交易所。

时间一分一秒地过去,而每一个瞬间的流逝都会令时局越发无望。

"一个又一个券商来到我们的办公室,恳求我们做些什么,很多人声泪俱下,而另一些人面对突然降临的厄运几乎休克了。"乔治回忆道,"他们手上有证券可以用来筹款,但市场上无钱可借。"

最后,下午13时45分,摩根让人立即将所有银行的总裁叫到他的办公室来。下午14时,城里的银行家们纷纷到来。此刻距券商们最恐惧的时刻只有20分钟。20分钟后,按惯例,交易所将当日成交比对,并调整券商账户。换句话说,算总账的时刻即将来临。

银行行长们终于到齐了,摩根向他们解释了当前的事态,直截了当地说,除非银行家们在接下来的10分钟至12分钟内筹措2500万美元,否则至少50家券商将破产。

国民城市银行行长斯蒂尔曼立即拿出500万美元,其他银行家纷纷解囊相助。到14时16分,摩根已从14家银行确认了总额2360万美元的贷款。几分钟内,关于新的"资金池"的消息即传遍了华尔街。

乔治后来回忆道:

> 此时我们办公室的外间挤满了焦急等待会议结果的券商。银行行长们正匆匆地从摩根的私人办公室走出来,走到外间。
>
> 一定有什么人公布了已经筹集2500万美元的消息,因为正当我离开办公室去启动贷款程序的时候,我看到有

人把帽子抛向天花板，大喊："我们得救了！我们得救了！"

14时30分，资金注入市场，人们拥挤着拥到交易所的"资金点"寻求贷款，混乱中，摩根的一名员工的外套和马甲都被撕破了。

《纽约时报》报道称，货币经纪商们忙作一团，放款的速度也就是仅够将借款人的名字写下来。10天来，交易所第一次呈现出欢快的气氛。

15时整，交易所关市时，交易大厅内爆发出一阵"狂野的咆哮"，会员们大叫着："摩根怎么样？他很好！"接着欢呼3声。

摩根在星期四下午筹措的2500万美元中，30分钟内就借出了1900万美元，利率从10%至60%不等。关市后，很多人聚集在摩根公司门前，带着抵押品确认自己的贷款。

晚上19时多，摩根终于走出了办公室。离开大楼时，一向在公众面前很少说话的摩根却主动走到大队记者面前，挺直腰杆，缓慢而恳切地说道："如果人们将钱存在银行，那么一切都会没事。"

说完后，他快步走出大门，坐上马车疾驶而去。

在短短几天内，许多濒临破产的信托公司得到了数千万美元援助。为加强现金流通，以摩根为首的纽约银行三巨头还下令发行1亿美元的票据。

11月6日，在摩根多方努力下，华尔街股市终于一开盘就轻松上扬，出现了好的趋势，第一批价值700万美元的黄金也已经运抵纽约，使资金短缺的局面得以缓解。

人们在事后评论："摩根拯救岌岌可危的金融市场的行动，可以和齐奥托画的圣弗朗西斯用肩膀撑住倒塌下来的教堂的情景相媲美。"

在几十年后，还有人对此进行过评论：

> 在这次事件中，摩根表现得犹如美国中央银行行长，虽然当时这个职位并不存在。但是热心公益并不是他的原始动力。那次危机过后，摩根和其他投资家都大发横财。

有位美国记者采访晚年的摩根，问："决定您成功的条件是什么？"

老摩根毫不掩饰地说："性格。"

记者又问："资本和资金哪个更重要？"

老摩根答道："资本比资金重要，但最重要的是性格。"

的确，翻开摩根的奋斗史，无论他成功地在欧洲发行美国公债，慧眼看中无名小卒的建议大搞钢铁托拉斯计划，还是力排众议，甚至冒着生命危险推行全国铁路联合，都由于他倔强和敢于创新的性格。

听证会上的辩解

1912年12月初,摩根度过了一个短暂欢乐的感恩节后,就不得不前往国会大厦到众议院银行货币委员会主席普若举办的"金钱托拉斯听证会"做证。

被人们通常称作国会山的国会大厦,坐落在华盛顿特区国会山的顶部,国家街的东端。尽管地理上并不在华盛顿特区的中心,但是还是由于它的特殊地位而成为大家关注的焦点。

那是一个星期三的下午,冷风肆虐的街道上,人们匆匆走过,有些人窃窃私语着走进国会大厦,有些人知道,国会要对不可一世的摩根家族举行听证会了,他们都兴奋地想知道最后的结果。

挤得水泄不通的听证会上,忽然安静下来,75岁的摩根拄着一根昂贵的红木拐杖进来了,那些政治家、律师、记者以及其他到会者都注视着他。这位曾经叱咤风云的老银行家神态自若慢慢走到大厅中央,面对着林立的相机和成堆的记者,仪态威严地坐在证人席上。

这种按照一定形式的做证,摩根公司任何年轻合伙人都可以办到，但是，面临重大的关键性问题时，只有他本人才能作重大辩词。

听证会上挂着摩根公司如何借助董事连锁控制银行及保险公司的图解。从主席普若开始，5名委员陆续发问。

摩根憎恨这次听证会，他认为，在过去的50年里，摩根公司的银行体系帮助美国从一个经济上的新兴国家，变成了一个强大的工业国家；在国内资本不能满足需求的情况下，是他和合伙人从欧洲调集资本；在他们的努力下，世界金融中心从英国伦敦转移到了纽约；是他挽救了华尔街危机；是他把各个行业进行整合，避免了恶性竞争，形成了庞大而稳定的系统。现在政府却要来调查摩根公司的垄断行为。

那天，一个叫费利佩斯卡迪的原摩根银行的工作人员，向听证会描述十几家金融机构如何有效地控制着250亿美元的金融资本，这相当于当时美国全年国民生产总值的67%。

日益膨胀的摩根家族和它的同盟开始让两院的高官们心有不安了，所以这个反垄断听证会是早晚要来的，这一点老摩根也非常清楚，所以下意识地在心里已经有了些准备。

但让这个被公众称为"华尔街的拿破仑"的老摩根感到不安的是，刚上任的威尔逊总统为了迎合民众对行业垄断的憎恨，承诺要向垄断寡头们开战，表示要保护美国公众不受到垄断所带来的伤害。这样一来，最大的金融寡头摩根集团自然就首当其冲了。

在第一天里，摩根从全部事业伙伴及业务内容开始作初步说明，极有耐心，详细解说了曾经成为金融业务代理店的全部铁路及各企业与摩根公司的关系。对于各企业与个人的银行及信托公司的存款金额，他依据准备好的备忘录，毫无保留地做了公开。

第一天就这样过去了。

随后两天里,长时间的听证会让老摩根感到疲惫不堪,突患感冒的他感到呼吸都有些困难了。

第三天,委员会的法律顾问塞缪尔·昂特迈耶向老摩根指出,他作为股东的纽约5大银行,即摩根银行、第一国家银行、国家城市银行、担保信托公司以及银行家信托公司等控制了美国的信贷与资本。

塞缪尔说,这5家银行的管理人员在112个美国公司中拥有341个经理职务,这些公司涉及银行、保险业、公用事业、生产制造、运输及贸易等领域;光是摩根的合伙人就在72个董事会里任职。

但老摩根反驳说,在这些复杂的业务领域里,诸如个人控制之类的事情是不存在的,那只是人们的臆想而已。

对于有些问题,尤其是那些让他不屑回答的问题,他总是以"不知道"或"不记得"作为回答。当然,这里面确实有些是老摩根记不得了,他毕竟已经75岁高龄了,而且多年来有些事他已经交给年轻人去做了。

在谈到自由市场的垄断和竞争问题时,塞缪尔问道:"您反对竞争是吗,摩根先生?"

"不,我不反对,我不在乎竞争。"摩根回答道。

"但您是企业联合的倡导者,这是阻碍自由竞争的,不是吗?"塞缪尔紧追不舍。

"是的,我赞成合作,但我也不反对竞争。"老摩根不上他的当。

老摩根突然想起点儿什么,他说:"如果你非要说我操纵什么,那我跟你谈谈控制这个问题，如果没有控制，你将一事无成。过去的那些危机，如果不是有人出来控制局面，将不会顺利度过。"

塞缪尔说："好吧，我想也许从这点上您是对的，但这就是您要控制一切的理由吗？"

老摩根咳嗽了几声，清了清嗓子，说："我不想控制任何事情。"

"您到底想说明什么，这和您之前说的有些矛盾。"塞缪尔被老摩根的强硬激怒了。

……

听证会在唇枪舌剑地进行着。

这天快要结束时，开始谈论货币和信贷问题，在听证会的几千页证词中，这段问答成了这次事件中最著名的对话。

当老摩根再次重申金钱不可能被控制的时候，塞缪尔指出，纽约的那5大银行发放贷款时，难道不是对这些想获得贷款的人或者机构手里所拥有货币的一种控制吗？

老摩根回答道："不，先生。是因为他们信赖这个人。"

塞缪尔问："如果他没有一分钱，这些银行也贷给他吗？"

"我认识相当多的商人，如果觉得对这些人的信用没有疑问的话，无论多少都可以贷到，这种人不计其数。"摩根缓缓地说。

"您是说可偿还贷款的那种信用吧？"塞缪尔尖锐地指责道。因为他认定摩根的信用贷款与清算交易是造成经济恐慌的原因，所以他不能理解摩根的真意。

"不！是那种人相信人的信用，先生！"

"请问，您是不是说谁都可以相信，不管他有钱没钱？"

"对！"

"即便他一文不名？"

"是的，许多身无分文的人到我的办公室来过，我可以当场开给他一张100万美元的支票，如果我信得过他！"

"难道商业信用不依赖金钱与财产吗？"

"除了金钱财产不是还有人格吗？"

"哪一项最重要？"

"当然是人格！金钱买不到的人格。"

"难道在交易所您也如此吗？"

"是的！我贷款给所有有人格的人！"

第二天，伦敦各个报刊推出大标题：

"摩根信条——人格是信用的基础！"

"信用"，它是摩根的基本人生哲学，在他眼里信用就是货币。摩根的证券交易所在给予顾客的清算交易上，已经习惯用人的信用来取代抵押。

疲惫中魂断他乡

12月15日，圣诞节到了。在麦迪逊街219号举行的盛大的圣诞庆祝会上，摩根喜欢的圣·乔治教堂的合唱团也来表演了。

但此时的摩根已被听证会弄得疲惫不堪，病情恶化。于是摩根的女儿、女婿劝他出去旅行，找个风景优美的地方好好疗养一下。

一天午后，在摩根出行之前，加利到麦迪逊街219号来看望摩根。

"我非常疲倦，毫无食欲。医生说这是过度劳累引起的，必须抛开一切去度假，让紧绷的神经松弛下来，所以我决定去趟开罗。"摩根说话声音很小，还有些喘，没有了往日底气十足和自信满满的语气。

情绪低落的加利向摩根告辞，几次要跨出门去又被他叫住，听摩根嘱咐在他出门时工作上需要注意的各项细节。大概是摩根也预感到时日不多，因而跟这位他生平最信赖的朋友话别吧！

北风飕飕地在摩根的庭院里肆虐，院里的大花盆因结冰而裂成两半。

1913年1月6日上午，一位稀客来拜访摩根，他就是有名的政论家乔治·哈比，威尔逊总统的全力支持者，著名的右派杂志《哈珀斯》的总编。

威尔逊由普林斯顿大学教授而后升任该校学院院长，后被选成新泽西州州长，被高喊"新自由"的民主党在扫除腐败政治、讨伐垄断、提高劳工地位的号召下推出来做总统候选人。

深得劳工与农民支持的老罗斯福一生致力于改革共和党政治。继任者塔夫脱表现出保守政治趋向，而威尔逊则扭转了他的保守政治，这时他刚当上总统。

"我要去晋见总统了，有需要转告的吗？"因为对摩根颇有好感，哈比这样说。

"代我向布莱恩国务卿问好！"摩根却挖苦道。

绰号"平民"的威廉·布莱恩曾连续两次被提名为民主党总统候选人，但被共和党的麦金莱和塔夫脱接连击败。他是内布拉斯加州普拉特河岸农场主出身的律师。

作为一名最尖锐的民主党人，一个典型的激进派，他主张财富再分配及粉碎托拉斯。因为在党的大会上运用"平民票"的缘故，他被威尔逊总统任命为国务卿。

威尔逊与布莱恩联手，会有什么动作呢？摩根已经了如指掌。即便是塔夫脱这个共和党保守派当政时，也告诫US钢铁不要违反反托拉斯法；而对洛克菲勒的标准石油的控告得到舆论的强烈支持，更表明反垄断的时代潮流已如洪水决堤，不可遏制了。

正如在前一年选举开始时，一幅反托拉斯标语上所说的，是"被剥夺者对剥夺者的复仇之战"。

哈比好意来访，会谈却言之无物。是啊，一个是靠垄断成就伟业的金融业巨人，一个是反对垄断的拥护者，能有什么好谈的呢！就在他起身欲走的时候，摩根忽然想起一件事："请转告总统一件事……"

"哦？"

"如果经济持续恶化，总统有用得着我的地方，尽管吩咐。"

他似乎想说25年前的事，那时的铁路恐慌、公司与银行接连倒闭时，是他借黄金给政府，帮助了克利夫兰总统。

"还会有那种恐慌吗？"总编问。

"哦……我只是说……如果有的话。"摩根说。

摩根去世一年多后，年轻的德国新皇以奥匈帝国皇储夫妇的死为借口，点燃了第一次世界大战的导火线。

尽管摩根无法料到世界大战的发生，但战争的爆发不会是毫无端由的。因为一个国家的社会环境与其所处的国际环境，都是战争爆发的可能条件。因此，恐慌将经常与战争有着不可分割的联系。

而在美国，由革新主义者与威尔逊、布莱恩这些单纯的学者领导的话，恐慌是一定会产生的，早晚而已。这样想着，摩根才这么说的。

恐慌虽然没有到来，但欧洲爆发了大战，接着摩根对哈比发出了暗示，伦敦、华盛顿经济恶化，英、美等国为消化战时公债苦恼不已，事情一件接一件发生，终于，只有靠摩根公司来解决问题的时机到了。

US钢铁和摩根领导的托拉斯，成为生产的主力，并同时生产战胜德国人的坦克和潜水艇的秘密武器。

1913年1月7日，摩根乘亚得里亚号前往开罗，出发前，他悄悄立下遗嘱："葬礼在纽约的圣·乔治教堂举行，把我埋在哈特福德。不要演说，也不要人给我吊丧，我只希望静静地听黑人歌手亨利·巴雷独唱。"

在摩根最后的这次旅行中，长女露易莎和她的丈夫沙特利始终陪在身边，主治医师也因为病情的关系随同前往。

2月7日，船抵开罗，但摩根在开罗期间，体力迅速衰退。于是船由那不勒斯急至罗马，住进医院后，沙特利马上发电报到纽约："摩根病危。"

3月27日，摩根起床后没有进食；28日记忆开始模糊，神志不清，医生从苏兰多赶来。偶尔他清醒过来，就命令经巴黎返回伦敦。

30日，摩根乘上了特别列车，这天晚上，他的大女儿露易莎守候在父亲床前。老人醒过来已不知身在何处，断续地褒扬着儿时的友人，并讲着他在哈特福德度过的少年时代。

夜深了，他的脉搏竟跳至每分钟140次，他低吟了一句：

"啊，我要爬上山喽！"就又陷入昏迷状态。

"次日，"沙特利在后来的日记中写道，"我把耳朵紧贴他的胸部，还可以听到持续的呼吸声，不一会儿便变得十分困难，然后就突然停止了。"

1913年3月31日，一生充满了传奇，被称为"华尔街的拿破仑"的摩根去世了，享年76岁。

"啊，我要爬上山喽！"这位华尔街大佬与世长辞时，说的最后一句话，或许是他认为自己还未达到事业的顶峰，或许在他的幻觉里来到了奥林匹斯那众神居住的地方。

摩根去世的消息公布后，意大利国王维克多·埃曼纽尔、教皇庇护十世和数百名国内外的老朋友发来了唁电和唁函。

曾两度使美国经济起死回生的摩根去世以后，再也没有哪个人能对美国经济产生如此重要的影响。也就是在摩根去世的那一年，美国国会建立了美国联邦储备局，作为指导美国经济的那只著名有形之手。美国联邦储备局的设立，也许是献给摩根最好的颂词，因为他在被人指责为"控制了美国的信贷与资本"之前就敦促华盛顿方面建立现代化的国家银行系统。

依照摩根的遗嘱，他的遗体被运回纽约，在圣·乔治教堂举行葬礼。同一天，列车将他的遗体带回他的故乡哈特福德，在他出生的那幢房子门前走过，埋葬在家族墓地。除华尔街外，在摩根出生的公寓里，也降半旗表示哀悼。

报刊公开的摩根的遗产数目令人惊奇。遗产金额之小，出乎人们料想之外。不动产总额为6600万美元，银行账款、个人名义的股票等为2000万美元。

遗产是这样分配的："长子小摩根分得230万美元，3个女儿各继承100万美元，遗孀弗朗西斯100万美元。余下的作为信托基金的年金，由弗朗西斯保管，每年支付给所有的佣人。"

他还留下许多艺术收藏品，价值不菲。摩根在遗嘱中说："我非常希望以稳妥的方式处理那些艺术品，让它们永远成为美国人民的财产。"

这个"华尔街朱庇特"遗留下的个人财产无法与他创造的各种有形和无形的巨大财富相比，父子两代苦心积聚的庞大遗产，并没有置于第三代小摩根继承的摩根公司中，而是已经深深融入华尔街的泥土中，成为美国资本主义的坚实基石！而摩根家族这棵大树，便在这基石四周，放出夺目的光芒！

在哈特福德埋葬摩根的第三天，正是他的76岁生日。如果他父亲吉诺斯还活着,那一天就刚好100岁!

摩根从一个无名小辈,经过艰辛的努力奋斗,在强手如林的金融界站稳脚跟,并一一击败对手,终于发展成为纽约市华尔街第一号人物,荣登美国经济霸主的宝座。

而摩根公司被华尔街的金融老板称为"银行家的银行家"。在1913年美联储成立之前,摩根公司在美国经济中甚至起到了类似中央银行的作用,对美国的金融体系有着举足轻重的影响。它用强有力的金融手段整合了美国的铁路、钢铁、石油等行业,在重塑美国经济的同时也把它变成了华尔街的台柱和"银行界的劳斯莱斯"。

"不怕风险,勇于向强者挑战,实现独占鳌头的目标;同时脚踏实地,一步一个脚印地去实现。"这个"摩根式"的经营哲学在他死后的岁月里一直放射着耀眼的光芒。

杰克时代的来临

1913年3月的一天,坐在皮尔庞特·摩根图书馆西厅的是它的新主人:他的全名是小约翰·皮尔庞特·摩根,是刚刚在意大利撒手归西的约翰·皮尔庞特·摩根唯一的儿子,也是他的继承人。通常人们都称呼他为杰克,如同人们爱称他的父亲为"皮柏"一样。

从外表看,杰克没有父亲那么气宇轩昂,目光也不像父亲那样总是盛气凌人。但是,杰克也有很多与他的父亲相似之处,例如,他们俩都是1.87米的大个子,宽肩阔背。

杰克曾就读于著名的圣保罗和哈佛大学,从1890年毕业后,就按照父亲的安排去了摩根公司在伦敦的摩根银行,在那里开始了他的银行家生涯。伦敦的摩根银行是摩根家族的重要组成部分,是杰克的爷爷吉诺斯·摩根创下的家业。

杰克在伦敦一住就是15年。杰克在这漫长的岁月里把自己变成了一个十足的英国化的美国人,特别是他在英国交往的社会圈子是英国皇家和上流社会,他成为那里上层社会的一分子。

1905年父亲召他回美国时,他就是带着这样的一身贵族气来到了纽约。这对他日后在美国的生存和发展产生了不小的影响。回到美国后，杰克仍旧保留着很多英国式的生活习惯，他和妻子几乎每年都要回英国住上几个月。

杰克回到美国那一年已经38岁了。摩根给杰克一家安排了一套在麦迪逊大街的房子，这是一栋老式的宽敞舒适的住房。这栋门牌号为231号的房子离皮尔庞特·摩根的大本营，位于同一条大街219号的皮尔庞特·摩根图书馆只有数步之遥。

杰克住在此处干什么都很方便。摩根可以随时把他找去商谈家族事务，必要时，杰克早上可以同父亲共进早餐，聆听父亲的教诲。住在麦迪逊大街还有一个好处是，摩根可以经常见到他的儿孙们。

杰克也喜欢收藏，但不像摩根那么着迷，其中一个原因是他没有父亲那么多钱来满足全部的收藏兴趣。摩根死后，杰克曾举办过一次父亲收藏展，那种盛况让很多美国人目瞪口呆。人们看到的展品之多、之贵重，简直不能称为一次展览，而完全是像走进了一座博物馆。当时，摩根的4100多件收藏品第一次全部向公众展示。杰克后来把父亲的这些收藏品都捐了出去。

摩根的去世把杰克推上了家族首领的地位。所有的人都会问："杰克行吗？他能继续保持摩根创下的这份家业吗？"

但46岁的杰克并没有让摩根家族及其合伙人失望。

20世纪20年代是杰克·摩根一生中最辉煌的时代。在摩根家族史上，这一时期被称之为"杰克时代"。

杰克利用第一次世界大战，把家族的事业发展到空前繁荣的阶段，使摩根家族在全世界都声名显赫。第一次世界大战结束后，无论在美国经济的衰退阶段还是繁荣时期，摩根公司都大展身手。

1920年，是杰克和他的公司最忙碌的一年。在这一年，杰克联合美国化学公司的皮埃尔·杜邦一起接管了通用汽车公司。这是杰克·摩根的辉煌史中出色的一章。

1924年，摩根家族对美国政坛起着举足轻重的作用，摩根家族在国内的影响也达到一个顶峰时期。人们在猜测哪个竞选人能当选总统时，都要考虑摩根家族是否支持他。

因为积极参与为第一次世界大战后的战败国德国的经济复兴提供贷款，杰克到巴黎受到的注意是自威尔逊总统参加凡尔赛会议以来任何美国人都未曾有过的。

1927年，杰克成为美国钢铁公司董事会主席。1928年新年除夕，摩根公司的每个合伙人得到了100多万美元的奖金。

在金融界，摩根家族的成功在美国也是无与伦比的。可以说它把持着美国资本市场的大门。凡是走进过华尔街摩根银行大楼的人都会被那里的豪华和气派所震撼。

有人说："走进那里就像走进了狄更斯的小说。"摩根银行的合伙人们的特制的桌面以及可移动的大写字台是银行的最好象征。公司的一个职员曾说："要是摩根银行解雇了我，我简直不知到别处去该如何工作。"当然，并不是普通人都能够进入这座豪华的大楼的。

杰克在20世纪20年代的日子就像一个国王。每天，当他到达华尔街23号，从豪华的超长型轿车里出来，在门口遇到的任何客户都会本能地向他欠身致意，并为他拉开摩根银行那两扇通体玻璃的大门。

杰克曾经直言不讳地说过："我的工作是我所认为的最有意思的工作。它比当国王、大主教或者国务卿都更有趣，因为没有人能把我赶下台，我也不必向任何原则让步。"

杰克的住处极为豪华。他在长岛的别墅占地100公顷，进入这栋别墅得经过无数个用黑色铸铁做成的大门，穿过长长的林荫大道。整个别墅里在开花的季节，盛开着成千朵郁金香和其他名贵的鲜花，五彩缤纷。

光是园丁和花匠，这里就需要几十个。别墅的空地上还放牧着奶牛、马，有暖房、玫瑰园，还有一个码头。在绿草地和高大的树木衬映下，那栋红砖洋楼格外醒目，比摩根住过的任何别墅都宽大。有54个房间，一楼的大厅里悬挂着3位先祖女士的肖像。

1925年8月14日那天，杰茜的因病去世对杰克的打击很大。

有时候，他会让跟了他25年的司机拉他去摩根纪念公园，坐在司机旁边，呆呆地盯着水塘。尽管他那么有钱，但此刻他觉得自己是世界上最孤独的人。

1929年10月，杰克·摩根与华尔街大银行家联手暂时逃过了"黑色星期四"的纽约股市风暴。

然而好景不长。摩根家族与美国经济的联系和依赖使它不可能在长期的大萧条中"一枝独秀"。短期中，摩根公司可以在其他公司不景气时维持一段时间的繁荣。从长期讲摩根公司的发展完全依靠美国经济的全面恢复。因此，从1929年以后，摩根家族也不可避免地陷入了衰退。1929年11月时，摩根公司的净资产值为1.18亿美元，至1932年这个数字就降为5300万美元。

在摩根时代，摩根家族的势力就处在不断扩张的时期。摩根把美国银行家的地位提高到了前所未有的程度，正如有人形容的那样，由于他率领的摩根家族对美国重要企业的融资和控制，美国银行家现在已经不再像过去那样，是工商界的外人，而成了老板。银行家不再是单纯为企业提供金融服务的机构，而成了控制和指挥工商业的大本营。

在摩根时代，摩根家族就已经在美国的重要行业和大企业进行了有效的控制，杰克则进一步发展了这种控制。在杰克时代，摩根银行在其20多年的发展中已经变成一只硕大无比的蜘蛛，编织了一张覆盖美国重要行业和企业的大网。它自己盘踞于这张网的中心，像耍木偶一样操纵着美国的金融和其他产业。

1933年民主党总统罗斯福上台后，开始了美国社会和经济领域的大变革。在反垄断政策上，他和国会都态度坚决。国会参议院的调查委员会认定摩根家族属于反托拉斯法的打击对象。

这一年参议员皮考拉发起的对摩根家族垄断经营的调查对杰克的冲击极大，同时也决定着摩根家族的命运。杰克反对一切对家族经营的调查，所以对皮考拉极端仇视。那一年他已经66岁了，可并没有学会忍耐，他骂皮考拉是"可恶的意大利小人"。

在这次听证会上，对于皮考拉等议员提出的摩根家族垄断许多美国大企业的事实，杰克说摩根财团成员是"应那些公司的诚请"才在那些公司兼任董事。但是，在一个小小的收入所得税问题上，杰克却"小河沟里翻了船"，被舆论界大肆渲染。

参议院调查委员会的听证结果认为，今后的美国经济中不能再允许出现像摩根家族这样势力巨大的公司，不能再允许像吉诺斯、摩根和杰克那样的垄断私人银行家。

于是，针对上述情况制定和颁布的法令从20世纪30年代中期开始陆续出台。摩根家族经过几代人苦心经营建立起来的金融帝国到了崩溃的边缘。

对企业失去控制

20世纪30年代通过的新法律摧毁了摩根家族的金融王国。《格拉斯—斯特戈尔法案》的颁布，彻底改变了摩根家族的命运。杰克和摩根的其他合伙人曾力图阻止该法案的通过，但最终回天无力。

《格拉斯—斯特戈尔法案》规定，所有国家银行和联邦储备银行不允许同股票经纪机构有任何联系。商业银行不允许从事投资银行业务。

这意味着，现有的摩根公司是非法的，它必须或是变成一家单纯的商业银行，只从事存款和贷款业务，或是变成一家专门发行股票债券的投资公司，不能身兼两职。《格拉斯—斯特戈尔法案》还规定，投资银行家不能在商业银行的董事会中任职。

按照新的银行法，摩根家族的庞大银行系统以及它在金融世界发挥巨大影响的日子将一去不复返。摩根公司面临着解体。

杰克在面临这种抉择时却不得不考虑诸多因素。他倾向于保留摩根公司，把它变成一个单纯的商业银行，这样能保证尽量少的人失业,因为投资银行不需要像一般商业银行那么多的职员。

摩根公司合伙人也不愿把声誉极好的摩根银行变成一家规模很小的证券交易公司。他们还期待着也许有一天,摩根银行可以重新从事证券和投资银行的业务。因此,他们要保留摩根公司和它的老客户。

不过,眼前的现实是一种痛苦的选择。杰克的大多数合伙人留在摩根公司。于是,从1935年开始,摩根公司就成为一个单纯的商业银行。对于大危机以后出生的人来讲,似乎它本来就是一个普通的商业银行。关于它曾经拥有的辉煌,知道的人就不多了。

当然,摩根公司还可以保持其在英、法的分公司,它仍然是其客户的银行和保护人,但它再也不能发行证券。这使摩根公司在海外的声誉和对投资的控制大受影响。

分离的时刻到来了。1935年9月5日下午16时,恰好在杰克68岁生日的前一天,摩根公司举行了仪式,正式宣布公司的决定。仪式在华尔街23号摩根银行总部银行合伙人的办公室举行。向20多名新闻记者宣布,摩根公司证券部的几个人将离开公司,单独成立摩根斯坦利公司。

杰克和儿子亨利没有在这个重要的场合露面。表面上的原因是不愿放弃到英国狩猎的活动。实际上是为了躲避这个令人痛苦的时刻。有个记者参加了华尔街的仪式之后报道说:"摩根公司分离这件事给人的感觉就像是一家子人在分家一样让人难过。"

1935年9月16日,摩根斯坦利公司在华尔街2号正式开张,这里离摩根公司只有不到100米的距离。

1940年,罗斯福政府奉行的新经济学产生的影响越来越明显。

20世纪30年代的银行法削弱了摩根公司的规模,却扩大了第一花旗银行、大通银行和其他股份制银行的规模。作为一家合伙制公司,摩根公司发现自己的竞争力不如那些股份制公司。

于是,从1940年开始,摩根公司第一次向公众出售股票,并中断了它同费城的德雷克歇公司的长期关系,变成一家信托公司兼银行。这一改革出现了一种新的经营形式,部分地弥补了4年前证券业务方面的损失。

杰克把自己在股票交易所的位子卖掉了,因为银行家不能兼做股票经纪人。公司的合伙人全部变成新公司的董事,1942年摩根公司加入了联邦储备系统。

从战后初期到20世纪50年代中期的这段时间内,摩根财团的金融地位剧降。这当然有各方面的原因。首先,原因是摩根财团的主要金融支柱之一的纽约第一国民银行从20世纪50年代起由于经营不善,股票暴跌;1954年,摩根财团的主要客户纽约中央铁路公司又被克利夫兰财团夺走,因此,摩根财团的业务更加难以维持下去。

由于上述原因,至20世纪50年代中期,摩根财团在金融方面与其他财团的实力差距大为缩短,情况变化对摩根财团十分不利。

摩根斯坦利公司向来独霸投资银行业务的局面已不复存在。洛克菲勒财团控制的第一波士顿公司的业务活动范围已远远超过了它,成为当时美国最大的投资银行。至此,摩根财团昔日的金融霸主地位已让位给洛克菲勒财团,退居第二位。

摩根财团在国内金融实力的削弱,也影响到它在国际金融领域中的地位。以前,摩根财团的银行和主要人物一直在世界性金融机构和国际清算银行中占有重要位置，但到 20 世纪 50 年代中期，世界银行中的首要职位已几次不属于摩根财团的人了。

摩根财团的衰落还表现在它在公用事业和铁路运输等企业的削弱。比如，从 20 世纪初以来，摩根财团一直控制的美国最大的一家公司美国电报电话公司，战后此公司被洛克菲勒财团侵入，与摩根财团分享共同的控制权。

第二次世界大战结束后，尽管杰克的儿子和孙子都回到摩根公司，然而曾经不可一世的摩根家族对美国金融和经济的所谓控制已不复存在。

到了 1958 年，摩根公司变成股份制公司以后，摩根家族在摩根公司的色彩就几乎完全消失了。特别是摩根公司后来又同纽约保证信托公司合并，变成摩根保证信托公司后，摩根家族的主导作用基本上不存在了。在新公司的高级人员名单中已经没有姓摩根的人。

在摩根斯坦利公司中杰克的儿子亨利·摩根当然代表着摩根家族。他在摩根斯坦利公司待着也许是出于一种家族的责任感，而他实际上花更多的时间在游艇上，而不是在证券生意上。

1970 年亨利·摩根被降级为有限合伙人，实质上没有投票权，但他的影响仍然存在，并代表着摩根家族的经营传统。20 世纪 70 年代以后摩根斯坦利公司由合伙制转成为股份制公司。1982 年亨利去世。

20 世纪 80 年代末期，摩根公司已成为一家有 15000 名员工的大银行，但它还试图保持旧的合伙制式的文化和精神。新招来的人都要进行 6 个月的培训，让他们学习银行的历史和经营精神。它极少从外部招人，仍局限在员工家庭和各种圈子的关系。

在摩根家族这棵大树上分离出来的分支中，摩根保证公司被认为是最好地继承了摩根家族的精神。事业上最发达的是摩根斯坦利公司。1987年时，摩根斯坦利公司拥有6400多名员工，占据了纽约第六大街艾克森大厦的17层，比艾克森公司自己占用的面积还大。公司的餐厅也装修得十分豪华讲究，宽大的桌子和皮手椅，用餐时穿着制服的侍从送来低度甜酒，但没有烈性酒。这是摩根公司的传统。

摩根斯坦利公司现在的主要生意侧重在商业金融，不再从事证券业务。

1989年，摩根公司的发展规模已经使得华尔街23号显得太小了。新的总裁普莱斯顿希望实现银行电脑化，成为一家高科技银行。于是，摩根公司买下了华尔街60号的一栋47层由玻璃和石头建造的高楼。

这年夏天，摩根公司迁入新址，但华尔街23号的办公楼仍然被保留，有人曾提议卖掉，但总裁普莱斯顿说："这是一座纪念碑，除了对我们，对别人是没有什么价值的。"

1995年，摩根公司董事会主席兼总裁是道格拉斯·沃纳三世。

摩根家族并不缺少男性后代来继承家族的事业。亨利·摩根同凯瑟琳·亚当斯结婚生了5个儿子。

至20世纪60年代中期，这5个人中只有查尔斯成为亨利的接班人，他是摩根斯坦利公司的合伙人，还有约翰也在银行界从业，最后成为另一家银行的合伙人。

其余的儿子或是海军上校，或是音乐家等，但都不在商界供事。他们的后代中也有在银行界和商界工作的，也有不少成了外交家、学者、船长和职业军人等。

今天的带有"摩根"的公司已经只是保留着过去声名显赫的"摩根"的名字和精神，但没有摩根家族重要成员参与了。无论是现在的摩根公司，还是在摩根斯坦利公司，上层管理人员中已经找不到摩根家族的后裔。

留在银行业和经商的后代再也没有他们的先辈所曾经创造过的辉煌。摩根家族本身已经不再是一个金融王朝，家族的光荣与梦想一去不复返了。

附：年　谱

1837年4月17日，出生在美国康涅狄格州的哈特福德。

1850年，在哈特福德公共中学上学。

1854年，中学毕业，并随父母迁往伦敦。同年进入瑞士的辛利吉学院就读。

1856年4月，进入德国哥廷根大学奥古斯都皇家学院继续学习。

1857年夏天，结束哥廷根大学的学业，同年进入纽约的邓肯—谢尔曼公司工作。

1861年10月，结婚，3个月后妻子因病去世。

1862年，成立摩根商行，当年投机黄金大获成功。

1865年，再次结婚。

1868年，任萨斯科哈那铁路副总裁。

1871年，成立首家"联合募购组织"，成功销售2.5亿法郎的法国国债。

1878年，商业联盟"德雷克歇—摩根商行"在纽约华尔街成立。

1879年，获得纽约中央铁路的控股权，成为中央铁路的负责人之一。

1882年，买下濒临破产的西海岸铁路，同年，完全控制中央铁路，开始了对铁路业的整合。

1895年，公司改名为摩根公司，向钢铁、铁路及公用事业等产业渗透。

1900年，基本完成铁路的"摩根化体制"。

1901年4月1日，垄断性钢铁企业美国钢铁公司正式成立。

1907年，联合纽约银行家携手拯救华尔街，解决了当时金融业的挤兑风波。

1912年，摩根财团控制了金融机构13家，被美国金融界称为"银行家的银行家"。

1913年3月31日，被誉为"华尔街的拿破仑"的摩根在开罗去世，享年76岁。